Ejder SYKAS

De la dépression à la libération

La solution spirituelle

Petit traité de spiritualité

Sommaire

Préface

Cet ouvrage a pour but d'éclairer et d'apporter quelques compréhensions sur des passages difficiles de l'existence, les expériences de vie et aussi sur soi-même et les autres. Quels sont les liens qui nous unissent aux autres et au monde et quel est ce rapport que chacun entretient avec sa propre conscience ? Les éclaircissements proposés ici portent sur certains mécanismes du psychisme humain et sur la force de vie et de l'âme. De vos mains, je souhaite que ces mots puissent voyager de votre esprit jusqu'à votre coeur, voilà mon invitation. En fait, je vous apporte des nouvelles de vous-même. Laissez-moi vous faire ce cadeau.

J'ai puisé dans mes expériences personnelles ainsi que dans mes études, mes initiations et mes travaux de recherche pour arriver à certaines de ces découvertes.

Assurément, ces pensées sont sans règle, sans dogme ni religion, affranchies de toute forme de mysticisme. C'est ce message que je souhaite diffuser. Non pas comme un idéal ni une pensée imposée, mais plutôt un véritable partage et la liberté de vous en inspirer. Peu importe vos croyances, votre foi ou vos idées, chaque chemin est personnel, indépendant de toute autorité supérieure, vous êtes le seul à détenir le pouvoir sur votre existence. Votre vie est sacrée et vous pouvez reprendre contact avec votre partie lumineuse, une rencontre avec ce mystère qui nous habite tous. Il ne s'agit pas d'une sorte d'ésotérisme mais bien de se reconnecter profondément à ses aspirations profondes et ses valeurs personnelles.

Par ailleurs, j'ai pu faire de belles rencontres lorsque j'ai pu me rencontrer et me retrouver moi-même. J'ai attendu désespérément qu'on me sauve. Puis je n'ai pas eu d'autre choix que de devenir la personne que j'attendais pour moi-même. En

3

réalité tout se trouve en nous et les interactions se font à partir de nous. Ainsi, dans chaque rencontre, il se trouve une partie de soi. L'autre est un miroir et il nous est permis de grandir par le biais de ces interactions et ces liens. Ce miroir nous renvoie le reflet de notre beauté comme de notre laideur, de notre lumière comme de notre ombre. Nous portons tous en nous ces attributs, parce que nous sommes des humains. C'est à travers cela que j'ai pu apprendre que j'ai une vie intérieure pleine de richesse et je peux la transmettre aux autres. Afin que les messages parviennent à ceux pour qui ils sont destinés. Quand la parole ne passe plus. J'ai choisi d'écrire les mots pour cela.

C'est lorsqu'on fait face à la réalité qu'on peut mettre en œuvre ce qu'il faut pour du changement. Je rends grâce d'avoir été sauvée, par moi-même, de moi-même, de mes conflits non résolus et de mes perceptions erronées. La situation qui nous semble la plus souffrante aujourd'hui pourrait bien devenir la meilleure leçon d'apprentissage de notre existence. Ainsi j'ai pu accepter les cadeaux de la vie qui m'ont enrichie et m'amènent à partager ici ces quelques pages en toute simplicité et pour redonner espoir à chacun. Nous nous trouvons ici dans cet espace de rencontre, pour faire connaissance, pour partager et pour aimer. Cela vaut la peine de vivre ce moment. Nous le traversons ensemble en silence, dans la résonance des mots, ceux qui vont droit dans le cœur.

A tous ceux qui, un jour, éprouvent une difficulté, sachez qu'il existe en vous toutes les ressources nécessaires pour traverser ces moments. J'aimerais vous encourager à ne jamais perdre espoir. Il ne faut pas se laisser décourager quand tout semble perdu et déshumanisé autour de vous. Si vous traversez des moments difficiles, dites-vous bien que c'est la vie et que cela va vous transporter vers des choses meilleures. Chacun porte en soi le pouvoir de guérison, peu importe comment on choisit de le nommer, ici je propose la "solution spirituelle", vous avez la liberté de donner votre propre définition. La solution se trouve en vous.

C'est ici même que je lance ces mots dans l'espace afin qu'ils atteignent celles et ceux à qui ils sont destinés, celles et ceux qui en ont besoin et celles et ceux qui continuent à redécouvrir chaque jour de la beauté, de la vérité et de l'amour dans le monde. En fait, nous avions ce rendez-vous.

En hommage à mon fils Théo,

S'il t'arrive de l'oublier, souviens-toi que je t'aime depuis toujours, pour toujours

S'il arrivait que je parte avant de te dire à quel point je t'aime

Je m'assurerais de déposer de l'amour à chaque détour

Partout dans le monde, à chaque instant tu pourras ressentir cet amour

Je l'ai mis dans ton cœur ...

J'avais fini par devenir l'ombre de moi-même jusqu'à retrouver cette part de lumière qu'en réalité je n'avais jamais perdue ...

Chapitre I Le malaise

Un jour un malaise s'est installé dans leur vie. Les angoisses, le stress, les idées confuses viennent-ils du passé ou du présent ? Il est impossible d'identifier clairement les émotions qui envahissent tout l'être. Quel est ce malaise et pourquoi est-il là ? Au cours d'une phase dite dépressive, il est difficile de mettre des mots. Les recherches scientifiques ont constaté que les zones du cerveau liées à la pensée et au langage sont plus difficiles d'accès. La partie du cortex préfrontal du cerveau qui est impliquée dans la prise de décision et la maîtrise de soi n'est plus si efficace. Les aptitudes à avoir des pensées intelligentes sont amoindries, il s'agit alors d'éviter de prendre des décisions importantes dans ces moments de confusion. Ces dysfonctionnements non visibles à l'œil nu s'installent progressivement. Il s'opère une coupure d'une partie de soi-même, celle qui finit par s'échapper. Cette période de confusion mentale peut concerner chacun d'entre nous, de près ou de loin. N'avez-vous vous-mêmes jamais ressenti des moments de doute ou observé cela dans votre entourage ? Quel est ce mal-être ? Comment peut-on définir la souffrance psychique ? Qui n'a pas traversé une phase d'incertitude dans un contexte tout aussi incertain ? La dépression est définie comme l'une des maladies du siècle, plutôt occidentale, elle comporte des phases et des degrés très variés, se manifestant de manière bien différente selon chacun. L'être humain vit de façon passagère des épisodes de doute et d'hésitation qui jouent leur rôle dans la régulation des comportements. Le propre de l'humain est d'être affecté et éprouvé par toutes sortes de ressentis puisqu'il existe une réalité émotionnelle. Toutefois, lorsque l'émotion est désagréable ou envahissante, si elle persiste et devient un handicap dans le quotidien, apportant une souffrance ressentie de façon intime alors il s'agit d'une phase qui nécessite d'être prise au sérieux.

Il existe de nombreuses formes de souffrance psychique. Allant du simple sentiment de malaise, jusqu'à de profonds mal-êtres, chaque individu peut être traversé au cours de son existence par une crise existentielle, plus ou moins prononcée. La dépression est une des formes de ces souffrances, elle revêt également autant de formes que de personnes dépressives. Le paysage psychique et l'univers intérieur de chacun sont très personnels. Alors, chercher à comprendre la dépression c'est aller explorer et prendre en compte tout un univers. On ne peut pas comprendre des désordres que nous qualifions de psychologiques sans évoquer la culture, les croyances et la vision du monde d'un individu. Chacun, selon un modèle sociétal conformiste peut être dit atteint de troubles psychiques. Il est nécessaire de prendre en compte l'univers culturel du sujet, de le replacer dans un contexte et d'y inclure les normes sociales et environnementales. Le but est de connaître le mieux possible l'univers de référence, c'est-à-dire l'intériorité du sujet, connaissance sans laquelle toute interprétation sera erronée, voire impossible. Il s'agit également de prendre en compte la structure psychique, structure qui informe des mécanismes conscients et surtout inconscients ainsi que des comportements d'adaptation au quotidien. La dépression a un caractère multifactoriel, ses origines sont diverses et complexes. Le malaise ne se résume pas à une émotion unique ni à une expérience particulière. La souffrance psychique est confirmée lorsqu'on observe une durée et une intensité de comportements inadaptés à la réalité du moment et handicapants. Il s'agit alors d'aller investiguer tout un vécu, une sensibilité, des conditionnements, des injonctions et une histoire qui appartiennent à une personne unique, celle-ci qui s'est construite tant bien que mal au fil des années. Les réactions de peurs et les angoisses trouvent bien souvent leur source dans des programmations du passé et ont très peu de lien avec un éventuel danger au présent. Certains paramètres sont incontournables comme des interactions du passé et qui n'ont pas pu être intégrées.

C'est face à une épreuve plus difficile, devant une crise plus insupportable que les autres, que survient une rupture, lorsque ni s'enfuir ni se battre n'ont été possible. Il y a eu un réel sentiment de violence perçu venant du monde. Cette perception est subjective et ne peut être ignorée. Cela peut passer inaperçu par l'entourage, pourtant, il s'est passé quelque chose de douloureux. Alors s'installe une incapacité à reprendre le dessus et à passer à l'action. Dans cet engrenage, il devient difficile de s'en sortir. Le corps et l'esprit commencent à s'anesthésier. Il y a cette impression d'être extérieur à la situation. Lorsqu'il n'y a plus ni désir ni envie, c'est la déréalisation. Et le sentiment de vide à l'intérieur, c'est la dépersonnalisation. La chimie du cerveau est altérée. Ainsi, il est possible que la réalité perçue soit mal interprétée. La personne en souffrance peut percevoir des actes ou des commentaires comme étant négatifs alors que dans d'autres circonstances, elle les considérerait autrement. En fait, toute perception est reliée au seul sujet et c'est dans la conscience que se trouvent les origines du bien-être comme de la souffrance. Aussi, toute source de malaise ne peut se trouver ailleurs que dans les états internes. La satisfaction comme la souffrance sont issues de l'esprit. Les causes principales des états d'âme ne peuvent être trouvées en dehors de soi. L'équilibre émotionnel émane de la vie intérieure. Il est alors essentiel, pour régler toutes formes de conflits extérieurs, de trouver les racines du tumulte intérieur.

L'état dépressif comporte de nombreux signes avant-coureurs et particulièrement quand l'estime de soi est affectée. Une bonne estime de soi est un facteur essentiel de bien-être, c'est sur cette fondation qu'on peut construire sa vie selon sa volonté propre et celle-ci est mise à mal lors de périodes de doute. Peu à peu s'installe une incapacité à s'apprécier à sa juste valeur jusqu'à un rejet de soi. On se rejette soi- même comme on croit qu'on est rejeté par les autres. Quand il y a une souffrance, il y a cette sensation de solitude et d'enfermement, comme coupé de soi, des autres et du monde. Ces états sont cycliques et alterneront des émotions négatives de façon plus ou moins prononcée. Dans les cas extrêmes, cela va jusqu'à des passages à l'acte. A certains moments, semblant aller mieux, la rechute surgit. Ces cycles s'alterneront jusqu'à une nécessité de prise en charge adaptée. La majorité des professionnels admettent que la frontière entre le normal et le pathologique reste floue. Il est plus adéquat de parler plutôt de continuum entre la pathologie et la normalité puisque tout est en constante évolution, cela est une loi fondamentale de la nature. Il convient ainsi de remettre au cas par cas les troubles dans leurs contextes familiaux, sociaux, culturels jusqu'aux caractéristiques spatio-temporelles. En ne prenant pas en compte l'ensemble non exhaustif des ces facteurs, il y a un danger qui mène à un diagnostic rigide, limité, voire erroné. Ayant identifié l'état de souffrance, la meilleure décision est de choisir vers quel professionnel se tourner. Ce choix nécessite une réflexion approfondie car la prise en charge plus ou moins adaptée de la souffrance en dépendra. Il est essentiel d'être reconnu dans sa douleur. Il s'agit de faire appel à un soignant apte à entrer en résonance avec votre mal et à vous accompagner dans votre chemin car il existe en soi des douleurs qu'on ne peut atteindre seul.

Dans la société actuelle, l'approche médicinale occidentale impose une médication dès les premiers signes de mal-être. Les molécules stabilisent l'état de crise et parviennent à masquer les symptômes pour quelque temps mais on ne peut soigner ainsi en profondeur. Bien qu'il soit utile sur un court terme d'administrer une pharmacopée, il s'avère que celle-ci se réduit à une échappatoire temporaire. Les médicaments sont des béquilles et ont leurs limites. Sur du long terme, la prise de certaines molécules a pour conséquence de ralentir le fonctionnement du cerveau. Leur consommation permet de mettre le cerveau en marche automatique. En usage chronique, cela est une entrave à l'activation neuronale essentielle pour l'acquisition de nouveaux comportements plus adaptés à la réalité du présent. La médication tranquillise mais ne traite pas les origines de la problématique. Servant de masque et d'apaisement transitoire, les effets sont inefficaces dans le temps. La chimie de chaque prise empêche l'accès de certaines zones neuronales et limite ainsi les réactions et les décisions du patient. Il peut continuer la prise d'un traitement mais il faudra y allier une véritable prise en charge de la santé mentale afin de l'amener vers une autonomisation.

Les psychotropes administrés ne peuvent remplacer une présence humaine et bienveillante ainsi qu'un travail sur soi. L'approche médicamenteuse ne permet pas d'aller soigner en profondeur les origines du mal-être car elle met véritablement une distance entre soi et le monde. Etre au monde signifie être en constante interaction et interdépendance, avec soi-même, les autres et l'environnement. Etre au monde signifie s'adapter et être autonome. Est-il plus aisé de vivre sous sédatif, enivré, étourdi ou insensibilisé ? Que reste-t-il de la sensibilité humaine, des ressentis, des émotions et de la conscience ? Ce qui fait l'humain se constitue de toute l'émotivité qui l'habite ainsi que de son rapport aux autres. Aussi, se couper de cette part humaine a pour conséquence des préjudices comme la véritable perte de sa richesse intérieure. Chacun est différent par son histoire et son contenu affectif. En chacun existe un désir d'amour et d'union à ses semblables. En tant qu'être humain fait de ressentis et d'émotions, on ne peut vous priver de cette sensorialité qui est votre nature profonde. Les liens aux autres se tissent à partir de soi et chacun a besoin de transmettre une part de lui-même, cela est le cadeau que chaque personne peut apporter au monde. Afin d'être en harmonie avec le monde, vous avez besoin de développer vos sens et d'affiner votre sensibilité. Il s'agit d'un effort de conscience qui nécessite de travailler vos points de fragilité et de vulnérabilité ainsi que vos forces et vos potentiels. Vous avez une nature double, c'est-à-dire consciente et inconsciente, objective et subjective, rationnelle et irrationnelle. L'équilibre consiste à maintenir harmonieusement ces polarités.

Le DSM-V est le manuel de référence utilisé par les psychiatres pour diagnostiquer les troubles mentaux, et à chaque nouvelle édition, il y a des dizaines de ces nouvelles maladies. Les nouvelles maladies mentales identifiées incluent la créativité supérieure à la moyenne et le comportement anticonformiste. Ce qui semble des traits de personnalité sont catalogués de troubles mentaux. Ainsi, au nom d'un prétexte psychiatrique au système rigide et institutionnalisé, le corps psychiatrique a pour mission de corriger des comportements jugés insupportables, généralement par la neutralisation chimique, l'intimidation et la menace, tout cela déguisé en soins. Une telle approche piétine les droits de l'homme. Est-ce une maladie de revendiquer sa différence ? Est-ce une maladie de s'intéresser au bouddhisme ou à un courant philosophique sans être catalogué d'ésotérisme ou de mysticisme ? Est-ce une maladie mentale de vivre avec des idées divergentes à la majorité ? Il n'y a pas si longtemps, l'homosexualité a souffert de cette psychiatrisation, tout comme aujourd'hui la créativité, l'originalité et la non-conformité. La psychiatrie demeure une omerta bien organisée et tombe parfois dans l'abus de pouvoir dû à leurs études en médecine, le diagnostic glacial allié à une prescription médicamenteuse conséquente fait froid dans le dos. Dans des périodes plus ou moins difficiles, chaque individu est potentiellement diagnostiqué d'au moins un trouble mental et l'important n'est pas un diagnostic froidement posé mais il s'agit de considérer le sujet comme l'interaction principale avec l'environnement. Un article du Washington Post nous apprend que si Mozart était né aujourd'hui, il serait diagnostiqué de troubles mentaux et serait médicamenté jusqu'à ce qu'il redevienne normal c'est-à-dire coupé de son génie créateur. Plus loin dans le passé, ne condamnions-nous pas au bûcher toute femme qui s'intéressait au savoir ? Leur pouvoir faisait peur et elles furent accusées de sorcellerie. Ainsi, tout est contextuel et chaque époque a son lot de définition de l'homme. De la religion à la philosophie, de la psychologie à la spiritualité en passant par les sciences, qui peut prétendre apporter une définition absolue d'un être humain ?

La manifestation des tempéraments est toujours caricaturale. Dans la réalité, ils ne se manifestent jamais sous une forme pure. Les drames font partie de l'évolution vitale. Chacun est traversé par des comportements plus ou moins variés tout au long de l'existence et nécessairement liés à un environnement factuel. Qui n'a jamais vécu une crise de colère intense face à une frustration ou une confusion mentale devant une décision ? Pourtant un épisode isolé ne définit pas la personnalité, chaque situation doit être considérée et remise dans son contexte. C'est pourquoi il n'est pas exact de juger, définir et catégoriser l'être humain par des grilles de lecture et d'interprétation avec telle ou telle caractéristique mentale. La grille est fixe tandis que la psyché est évolutive. Ce qui sera qualifié de pathologique est ce qui n'évolue pas. Or, l'être humain est constitué par nature en processus d'évolution, chacun avec un rythme singulier. Il n'existe pas une méthode unique de soin sans tenir compte de

15

l'intégrité d'une personne et de là où elle se trouve. La réalité objective n'est pas complète car il existe des dimensions d'inconnaissable et d'imprévisible. Admettre cela c'est accepter la part de ce qui échappe et évite toute interprétation arbitraire. Nous avons connaissance de certains aspects et selon un point de vue subjectif. Les travaux en neurosciences développent la théorie d'une évolution certaine du cerveau humain et démontre cette capacité du psychisme à se régénérer et s'adapter. Par de nouveaux circuits neuronaux, suite à la répétition d'apprentissages adaptés, ces études sont prometteuses pour chaque individu qui va s'engager dans cette voie. On parle alors de thérapies dites orientées solutions. Par exemple, les thérapies corporelles comme le yoga, la sophrologie ou la relaxation sont autant d'approches qui permettent de se reconnecter à soi-même et de trouver un rapport sain et acceptable de soi-même. Il existe également des thérapies dites comportementales cognitives (TCC) et celles-ci s'adressent directement à l'esprit et s'avèrent être les thérapies les plus efficaces pour atténuer des structures psychiques figées. Le cerveau est malléable. Le principe est de corriger des pensées ou cognitions négatives en instaurant progressivement de nouveaux comportements plus adaptés à la réalité du moment. Chacun peut arriver au bien-être en modifiant son fonctionnement, il s'opère une transformation à l'intérieur de son propre itinéraire de pensée. Il s'agit d'un déconditionnement et cela est admis scientifiquement. La rationalité et la résilience sont renforcées par la pratique de la conscience et du retour sur soi. Ainsi, tout être humain peut évoluer pourvu qu'il en ait la volonté et le courage. C'est l'engagement sur un chemin qui nécessite du travail personnel et des efforts conscients.

Sachez que vous êtes plus grand et plus beau que la case dans laquelle on veut vous mettre. Dans une société en perte de repères et dominée par des valeurs individualistes et concurrentielles, il n'est pas aisé de comprendre que vous êtes avant tout un être sensible avec le besoin d'attention et d'amour suffisant pour vivre pleinement. Il est correct de pouvoir affirmer que, pour le moment, il n'y a encore aucune société dite idéale et chaque institution comporte ses parts de dysfonctionnements. Ainsi, là où le collectif n'est pas idéal, alors on ne peut attendre d'un être singulier un accomplissement personnel dans la conformité. Il existe une multiplicité d'individus et chacun est le point de départ de lui-même. Il n'est bien sûr pas aisé de sortir de ce lissage et de la conformité que la société impose. Est-ce à la société de dicter comment doit être une mère, un père, un salarié ou un artiste ? Il est évident qu'il existe certains concepts de principes de réalités générales mais le théâtre intérieur est une situation unique avec des valeurs subjectives qui n'appartiennent qu'à soi et qui ne sont transmissibles aux autres et au monde que par un élan d'amour. Le véritable soignant est empreint d'humanité et d'empathie et sans mettre dans une case, il laisse la possibilité d'évolution en laissant cet espace d'intériorité libre et accessible. L'accompagnement psychologique est essentiel, le professionnel reçoit la souffrance intérieure et permet de faire du lien avec les situations extérieures. Lorsque ce qui est enfoui et douloureux peut être entendu par un tiers, alors un apaisement peut être ressenti par le sujet en souffrance. Ne se sentant jusqu'alors jamais entendu, l'être humain ressent qu'il n'est plus seul. Un milieu médical ainsi que des soignants intègres devraient inclure une équipe de professionnels formés et sensibilisés à l'humain, ayant une expérience approfondie, tant dans le domaine de la psychologie clinique que dans celui de la thérapie humaniste. Un environnement soignant axé sur une approche plus saine et humanisée, tant psychologique que philosophique jusqu'à une approche spirituelle. Dès lors, les compréhensions se feront sur des dimensions plus étendues et le potentiel de guérison de chacun sera pleinement ranimé.

Le but est de recréer le lien à soi-même, aux autres et au monde. Il a été démontré scientifiquement que sans le lien à l'autre, l'humain ne peut survivre. Nous sommes tous interdépendants. L'affection et le lien relationnel sont nécessaires, un cœur esseulé se gèle, il ne peut survivre bien longtemps. Chacun a besoin d'être reconnu et de se sentir exister. On peut évoquer un contre-exemple comme celui de l'ermite qui vit coupé des autres, mais il n'est pas né ainsi et c'est un choix personnel qui le pousse à adopter cette existence. Sans doute a-t-il su créer un rapport avec lui- même et son environnement qui lui permette de vivre de la sorte. Il a déjà clarifié sa vie intérieure et y ressent une forme de quiétude. Voilà pourquoi il peut se retirer du monde car il a beaucoup appris, sa réalité émotionnelle est suffisamment dense et stable. Cela n'est pas le cas pour la majorité des êtres humains. Le regard de l'autre est indispensable pour se construire, se reconstruire et se réparer. L'être humain ne peut être séparé ni de son environnement ni des autres sans risquer la déstabilisation et la souffrance. La survie, le bien-être physiologique et psychologique ne sont possibles que par les relations aux autres. L'être profond ne peut s'exprimer que dans l'échange et l'amour ressenti pour lui-même et les autres. Il est naturel de se relier les uns aux autres et il n'y a pas d'amour sans attachement. Il est sain de vouloir être en relation avec les autres. Néanmoins, il existe des dérives relationnelles pathologiques comme la dépendance affective. Ce trouble de l'attachement peut être fréquent pour des personnes en perte d'estime de soi et en en mal d'amour. Le sujet de la dépendance affective est profond et vaste et mérite un développement tant les mécanismes sont variés et les conséquences psychologiques et émotionnelles désastreuses.

18

Il est nécessaire de communiquer et de s'enrichir les uns les autres. Quand une personne se sent écoutée, sa souffrance s'amoindrit, les mots échangés avec le cœur sont guérisseurs. En fait, le sentiment de solitude n'est pas lié au nombre de personnes qui vous entourent mais prend naissance dans l'impossibilité à communiquer et à transmettre les choses essentielles. La souffrance se trouve dans l'inaptitude à savoir investir l'amour qui vous habite dans une source intarissable. Le vide affectif est ressenti car vous n'avez pu recevoir en retour votre participation affective parfois démesurée. Ce qui fait le plus souffrir est l'inexprimable, on souffre de l'indicible, de ce qu'on ne sait exprimer. Les échanges et les partages sont des notions essentielles. Il faudra cependant apprendre vers quelles personnes se tourner. Il existe aussi bien des relations aimantes, réconfortantes et encourageantes que des relations toxiques et destructrices. En effet, aller chercher de la reconnaissance et de l'amour là où l'autre n'est pas capable d'en donner ne fera qu'accentuer le sentiment de vide et ébranlera fortement l'estime de soi. Il se crée beaucoup de tensions dans les relations compliquées, cela provoque des énergies de stress et de frustration, instaurant des malentendus, des non-dits et du ressentiment. La communication est faussée et la parole ne passe plus. Il est important d'identifier ce genre de relations afin de s'en préserver. Sans condamner ni tenir responsable qui que ce soit, c'est simplement un lien impossible ou bien un lien pathologique et chacun s'épuisera dans ce rapport de force. La rencontre des personnes, c'est avant tout la rencontre des inconscients chargés de vécu, de sensibilité, de mécanismes, de peurs et de désirs et il n'est pas toujours aisé de comprendre ces interactions plus subtiles et pourtant qui forment toute relation. Il y a des êtres qui vous dynamisent et vous élèvent et d'autres qui vous dévorent. Sachez que vous ne pouvez transmettre ce que vous n'avez pas déjà assez nourri en vous-même. Si vous donnez inlassablement aux autres sans avoir pris soin de vos propres besoins, cela sera à votre détriment et vous vivrez une perte d'énergie. Vous n'êtes plus en mesure de développer votre estime personnelle dans de tels liens. Dans une famille, une équipe ou dans toute sorte de groupe, la violence inconsciente générale se porte sur un maillon faible. Dans une phase de perte d'équilibre, les relations interpersonnelles sont exacerbées, les affects sont vécus intensément et dans une période de fragilité et de vulnérabilité, vous devenez la proie idéale de prédateurs relationnels. Vous savez ceux-là qui ont besoin de se nourrir de votre énergie pour alimenter la leur. De ce type, il en existe deux sortes, ceux qui le font intentionnellement et ceux qui inconsciemment agissent ainsi car ils n'ont pu se structurer autrement pour survivre.

Il ne sert à rien de s'infliger une torture mentale pour des personnes qui ne vous comprennent pas car chercher à leur apporter des explications, des justifications ou tâcher de les convaincre ne feront que vous épuiser davantage et laisser une forte empreinte émotionnelle négative en vous. Vous ne faîtes que vous épuiser à démontrer ou défendre votre point de vue. Cela est en vain face à celui qui s'est déjà arrangé avec sa conscience, vivant sa propre réalité. C'est une blessure affective douloureuse que de ne pas être entendu, reçu et respecté par l'autre. La cruauté n'est pas toujours là où l'on croit. Le déni de soi pour être accepté de l'autre est une forme de violence infligée à soi-même, par soi-même. Une fois cela compris, vous pourrez alors le dépasser. Vous n'avez plus besoin de l'assentiment des autres, ce fonctionnement vous aliène. Pas à pas, il s'agira de vous défaire de leurs jugements et préserver ainsi votre intégrité. Les gens fermés d'esprit seront présents partout et tout au long de la vie, se présentant sous différents aspects. Ne leur permettez plus de vous laisser définir par cette terrible étroitesse d'esprit. Admettez que les jugements et les contenus émanant d'eux ne sont que l'expression de leur monde intérieur, leur critique est le seul rapport au monde qu'ils entretiennent avec le monde et les autres. Ils sont incapables d'avoir un regard ouvert sur tout ce qui est différent de leur façon de vivre. Leurs actes et leurs paroles ne sont que le reflet de leur propre réalité. C'est pourquoi il ne faut rien prendre personnellement. L'autre ne vous voit pas tel que vous êtes mais tel qu'il est. Chacun juge à partir de ses valeurs ainsi que ses systèmes de croyance et pour la plupart de leur blessure qui provoque ainsi de graves erreurs de perception et d'interprétation.

Ainsi, il est impossible de se relier affectivement aux autres à partir des peurs, des souffrances, des failles ou des frustrations. Il est impossible de rentrer en lien avec des personnes limitées à leur tragédie. Il n'y a pas de possibilité de s'unir positivement dans ce cas. Alors, il faut apprendre à s'éloigner des personnalités toxiques ou belliqueuses, ceci est la solution pour préserver son espace émotionnel. Ainsi vous éviterez d'être envahi par des histoires et des émotions qui ne vous appartiennent pas. Vous préserverez plus aisément votre intégrité et votre équilibre en évitant ces fréquentations dangereuses qui ne font que vous dérouter davantage. Les relations manquant de conscience sont vides de sens et sans âme, elles sont source de conflits et d'échecs de communication. Il s'agit de ne plus vous laisser envahir par les mauvaises interprétations et les malentendus qui ne font que baisser votre énergie et vous entraînent là où vous ne souhaitez pas aller.

Acceptez que certaines relations soient faites pour s'éteindre. Il faudra apprendre à se retirer et renoncer à une dépendance quand il le faut. Au lieu de se forcer à rester avec tel individu, groupe ou collaborateurs, il sera plus convenable de trouver des personnes avec des valeurs communes aux vôtres, des qualités qui vous permettront de vous unir. Et si vous n'en avez pas encore dans votre vie, avancez seul et sachez qu'un jour cette forme de relation viendra à vous. Tout est question de temps, d'énergie et de niveau vibratoire. Il y a une véritable entrée en résonance avec l'autre quand les énergies sont similaires et font écho de cœur à cœur, quand le contact est établi dans l'intimité des sentiments, quand un cœur rencontre un autre cœur. Le monde est rempli de résonance et si vous laissez les énergies des autres vous accaparer, soyez assuré que vous y perdrez votre âme. Ne consentez plus à vous laisser dévorer par l'autre, celui qui ne peut se nourrir que de votre énergie, celui-là qui est le plus vorace. Apprenez seulement à choisir vos relations car la majorité des individus ne fait pas du mal intentionnellement, il s'agit simplement de mécanismes de défense et de stratégie de survie. Ne vous dites pas que telle personne mérite ou non votre intérêt, vous ne pouvez connaître la totalité et la complexité d'un individu et il ne s'agit pas de la condamner mais simplement de se dire que vous ne sentez pas vibrer comme elle ou partager les mêmes valeurs. Chacun se trouve à des niveaux de conscience, des états d'être. Il est en effet indéniable que chacun a sa version de la réalité et ce qui fait sens pour vous n'est pas reçu systématiquement par l'autre. Il s'agit d'un effort de compréhension et de non-jugement à avoir toujours à l'esprit, cela relève de votre discernement et vous respectez l'autre en vous préservant. Dans des états de mal-être, il est plus difficile de rentrer dans l'univers de l'autre, la souffrance détient toute l'attention. C'est au cours de l'évolution que vous développerez une conscience plus vaste qui vous rendra capable d'interagir avec les niveaux de conscience qui diffèrent de la vôtre, cela sans vous épuiser énergétiquement.

Il en va de même pour l'environnement qui peut influencer et activer des dysfonctionnements. Les déterminants sociaux économiques sont tout aussi importants que les conditionnements éducatifs et familiaux. Les relations sociales, la culture et l'environnement ont un lien étroit avec la santé mentale. Ainsi, pour chaque situation, dans un environnement contraignant et face à un quelconque obstacle, d'abord essayez de résoudre celui-ci, puis, si ce n'est pas possible, vous pouvez concevoir un milieu où cela n'existe plus. Tout comme une relation difficile, si votre cadre de vie est véritablement source de stress où il devient difficile de trouver de la quiétude et du repos, il s'avère que ce milieu n'est pas ou n'est plus adapté. La solution est de trouver un terrain plus favorable afin d'avoir une meilleure qualité de vie. L'environnement est source d'informations constantes perçues par les cinq sens. Les sens sont des capteurs aussi bien d'informations négatives que d'harmonie et de beauté. Ainsi, vous pouvez percevoir le monde comme menaçant, ce qui va alors altérer le bon équilibre psychique ou au contraire, dans un environnement agréable pour vous, il y a de la magnificence en toute chose. Le monde est reçu à travers les sens avant d'être structuré par les pensées. Ainsi, il s'agit d'accorder l'importance nécessaire à vos sensations et vos perceptions. Le milieu influe sur le développement bien plus que la part de génétique et les facteurs héréditaires qui vous sont transmis au départ. Et dans ce continuum, les tempéraments évoluent en fonction de la vie que vous expérimentez et des situations qui se présentent au long de l'existence. Chaque expérience vécue amène de nouvelles connaissances et des connexions, que ce soit au niveau cérébral ou émotionnel, s'impriment en vous. De nouvelles informations vous arrivent en permanence et il s'opère une réorganisation psychique plus ou moins déterminante à chaque moment de votre vie. En intégrant avec une pleine conscience de nouvelles expériences, vous vous enrichissez. Votre esprit sera de plus en plus innovateur et votre meilleur allié dans vos expérimentations à venir.

En cas d'épuisement psychique, il y a un défaut d'organisation mentale. La volonté d'action disparaît pour faire place à l'inhibition et au repli sur soi. Cela n'a rien à voir avec le niveau d'intelligence mais avec la capacité d'intégration de l'expérience. Il y a un besoin pour la conscience de restructurer son organisation mentale et cela nécessite une certaine temporalité afin que le psychisme retrouve sa stabilité, par sa propre autorégulation, cela est la force de vie. L'inconscient est compensateur et la vie se chargera, pour votre propre sécurité, de faire ressentir le malaise si vous vous mettez en danger. Il est nécessaire de vivre le temps de pause psychique qui permet une régénération de l'esprit, celle qui vous amène à vous poser les bonnes réflexions. Sans cette pause, le repos mental n'est plus possible. Se sentant séparé, dispersé et agité, il n'est plus possible d'ignorer l'appel intérieur au calme et au recentrage.

Afin de retrouver son équilibre, il faudra aller identifier les sources de mal-être, conscient et inconscient, cela aussi bien dans les relations interpersonnelles que dans le milieu contextuel. Il est important de se reconnecter à ses ressentis qui sont les indicateurs de ce qui est bon pour vous ou ne l'est pas ou plus. Rien n'empêche les événements désagréables et le monde qui vous entoure s'imprime en vous. Tout le travail consiste alors à réajuster son existence entre soi et le monde. Il vous sera plus aisé de comprendre vos propres saboteurs qui sont là pour vous faire apprendre une leçon. Ils ont différents moyens de se manifester tels que le malaise, la dépression ou la maladie qui sont porteurs d'un message signifiant et ont le besoin d'être entendus. Finalement, toute source d'inconfort a une cause qui, une fois identifiée, peut être dépassée. Il s'agit de créer en soi des espaces de ressourcement en apportant une vision plus claire de chaque situation. Assurément, un milieu propice allié à des rencontres remplies d'humanité et d'empathie amènera plus aisément vers la guérison. La richesse des échanges humains, les pensées positives associées à un environnement sain et favorable permettront de rétablir l'équilibre et l'harmonie en vous et autour de vous. De plus, ces rencontres bénéfiques ajouteront de nouvelles valeurs ainsi que de nouveaux sens, permettant ainsi de retrouver une meilleure estime de soi. Ainsi, changer de regard sur soi invite à changer le regard des autres sur vous également. C'est pas à pas qu'il faudra apprendre à se réapproprier son image et son existence.

Pour être hanté, il n'y a nul besoin de fantôme ni de monstre car le mental sait les fabriquer si bien qu'il finit par y croire. La représentation de fantômes extérieurs est la manifestation des démons intérieurs. La dépression est un véritable appel car il y a un message personnel qui demande à être déchiffré. La vie vous place en face de ce que vous n'avez pas permis d'évoluer. Ce qu'on appelle, en psychanalyse jungienne, l'ombre, est ce qui n'a pas encore été vécu ni intégré dans la personnalité. Il est certain qu'il n'est pas toujours aisé d'aborder des vérités profondes, particulièrement les siennes, et cela requiert du courage. Il existe en soi des parties qu'on rejette et c'est ce qui entraîne des personnalités fragmentées. Pourtant, c'est en côtoyant les zones d'ombres et non en les masquant que vous pourrez créer cet espace de réconciliation en vous, là où toutes les dualités peuvent coexister. Ces parties de soi veulent aussi participer à la vie. Vous êtes véritablement appelé à faire cette unité en vous. Ces résistances en soi sont en fait des appels d'amour et d'harmonie. C'est en leur prêtant attention qu'il sera possible de rééquilibrer ces forces contraires qui s'opposent, il s'agira de les apposer. Il est difficile à admettre pour la raison et la logique de faire habiter en soi des ombres, désirs contradictoires et des paradoxes. Le monde est pourtant construit sur le double et chaque chose contient potentiellement son contraire et il s'agit de permettre la coexistence en soi et autour de soi des éléments opposés.

Votre chemin débute par un travail d'introspection. Une relecture du passé sera nécessaire et cela est l'opportunité de déconstruire une histoire néfaste pour en reconstruire une qui conviendra mieux et qui aura du sens. Vous pouvez revisiter certaines blessures. Cela est une véritable mise en lumière de faits passés non conscientisés. Il est possible d'abandonner les pensées de détresse en retravaillant ces mémoires. Progressivement, vous pouvez réparer votre histoire personnelle afin de vous la restituer à vous-même, avec douceur et compassion. Ce travail se fera essentiellement avec un professionnel adapté. Le choix et le travail thérapeutique font partie des phases les plus importantes dans le processus d'apaisement et de rétablissement. Cela est la voie la plus sûre vers la guérison. Le thérapeute a la fonction d'être le témoin lucide. Son secours est essentiel, installant un cadre bienveillant et une alliance basée sur la confiance. Son but est de partager votre histoire et de la recevoir avec toute l'empathie et les compréhensions possibles. Cet espace permet au sujet de se décharger du poids de son histoire sur un terrain bienveillant, sans jugement et auprès de professionnels formés à l'écoute et aux processus thérapeutiques. Vous êtes reçu à cœur ouvert.

L'approche thérapeutique a pour but de se centrer sur la personne et non sur un problème, une maladie ou un symptôme particulier. Il y a en soi une force d'auto- guérison puissante et faire cette introspection, véritable exploration de ses profondeurs, permettra de se reconnecter à cette force. De nouvelles méthodes telles que les thérapies positives, thérapies brèves et humanistes reposent sur le principe que l'homme possède un fort potentiel d'évolution et d'épanouissement inné qui se développe de lui-même pour peu qu'il bénéficie d'un contexte favorable. Les fonctions psychiques sont évolutives. Il s'agit donc de relancer ce processus spontané qui a été entravé. Cela se fera par la verbalisation des états internes et des émotions qui traversent sans peur du jugement. Le soignant a pour principe d'instaurer un espace où le sujet pourra se dire sans jugement, apprendre à se fier à son ressenti pour développer son autonomie et améliorer les relations que le patient entretient avec lui-même et avec les autres. Lui seul sait ce qui lui convient, c'est donc à lui de mener la démarche thérapeutique. Il est impossible de changer les conditions de vie environnantes si les causes des problèmes ne sont pas modifiées en profondeur. Il s'agit d'entrevoir. Il n'est pas toujours aisé d'aller revisiter ce passé mais dites-vous que vous êtes différent aujourd'hui et vous avez la possibilité de répondre d'une façon différente aujourd'hui.

La souffrance d'aujourd'hui est en fait le non-approprié de la blessure du passé. De ce moment où vous n'avez pas pu apporter la réponse voulue. Il arrive que vous vous reprochiez ce sentiment d'échec. Une forme de culpabilité subsiste face à ce sentiment d'incapacité à n'avoir pas pu être plus réactif, pourtant chacun de vos actes a été la meilleure solution pour vous à ce moment précis. S'il y avait eu une autre possibilité, vous l'auriez choisie. Il est en effet douloureux de se confronter à l'effroi de découvrir que le drame auquel on refuse de penser est en fait déjà arrivé et qu'on ne s'y est pas préparé comme il aurait fallu. Voilà l'une des nombreuses obstructions à votre épanouissement. C'est la douleur ou l'horreur qui semble vous avoir devancé. Le présent ne peut que vous paraître inquiétant si une blessure n'a pu être refermée. Vous vous trouvez dans cet espace où il faut désormais lâcher l'idée de qui vous croyez être au profit de qui vous êtes en train de devenir. Cette zone vous semble sans doute inconfortable mais elle est porteuse de toutes les promesses. Soyez assuré qu'il n'est possible de mettre de la lumière sur toutes vos blessures et d'éclairer les peurs qui persistent sans se laisser regarder en face. Il arrive un jour où ce qui est enfoui a besoin de toute votre attention. Il y a un espace en vous capable de contenir tout cela. Il s'agit de reprendre contact avec cette grandeur alors aucun obstacle ne vous sera insurmontable.

La psychothérapie est la manière la plus efficace de prendre soin de soi et de réparer des structures psychiques endommagées au fil des années. Au long du travail thérapeutique, l'accompagnant ne se substitue pas à l'histoire personnelle du sujet, il n'impose rien et n'interprète pas. Sa présence est une énergie apaisante qui permet au sujet en souffrance d'être à travers le tiers de revenir sur lui-même. Dans le processus d'introspection, l'important n'est pas de résoudre un problème mais d'identifier ou de modifier les histoires qui le maintiennent et de construire de nouvelles histoires créatrices de nouvelles possibilités. Le chemin de l'autre lui appartient et ce n'est pas à un autre, même professionnel, de lui imposer ou de le diriger. L'individu a pour but d'aller vers sa liberté, il peut y laisser une vie de couple ennuyeuse, abandonner des relations frustrantes ou destructrices, pourquoi pas choisir de rester, mais différemment. L'appel au professionnel permet d'avoir un regard bienveillant et extérieur, arborant un point de vue différent. Sa fonction est de calmer les pensées et d'amener à de meilleures compréhensions de soi-même, par soi-même. Le professionnel est apte à entendre toutes les angoisses sans jugement ni projection, au-delà des mots, il s'agit de laisser exprimer les maux. L'accompagnant n'est pas là pour mettre dans des cases et a assez de patience, de temps et d'empathie pour témoigner de sa présence et de son engagement. Il est celui qui vous permet de vous autonomiser et vous rendre à vous-même votre pouvoir intérieur.

Dans la période contemporaine, nous sommes dans une ère où chacun porte un jour un intérêt au bien-être et au développement personnel. Aussi, il faudra parfois être vigilent et prêter attention aux dérives de certains professionnels qui conservent la problématique, consciemment ou non. Comme dans toute chose, cela existe aussi dans le milieu des thérapies. Il vous faut être avisé sur ces terrains où il existe beaucoup de dérives sectaires, de charlatanisme et de faux prophètes. Une vague de new age ésotérique, de prétendus guérisseurs, de clairvoyants ou autres pseudos psycho-spirituels, sans profondeur ni maîtrise du savoir, profiteront de la vulnérabilité. N'allez pas non plus demander qu'on vous prédise votre avenir. Vous êtes votre propre maître et vous n'avez besoin d'appartenir à aucune communauté qui se clame détentrice de vérités. C'est par vos propres expérimentations et vos choix que vous découvrirez en vous vos clés. Vous êtes seul à détenir votre vérité et vos secrets. Vous avez en vous la clairvoyance suffisante pour démêler le réel de l'illusion. Vous arriverez par vous-même, avec l'aide d'un professionnel reconnu, à retrouver votre équilibre. La bonne nouvelle est la progression dans le domaine des recherches. La psychologie est une science jeune et en constante évolution. Toujours innovante dans de nouvelles découvertes sur l'humain, elle propose plusieurs approches et thérapies adaptées à chacun, elle collabore aussi étroitement avec les scientifiques qui sont en recherche active afin d'apporter de nouvelles réponses au monde. Les frontières s'amenuisent entre la physique des scientifiques, la psychologie et la spiritualité sans dogme. Aujourd'hui, ces disciplines s'accordent à dire qu'il existe une réalité beaucoup plus riche et illimitée d'informations, la conscience ne retient que ce qu'elle est capable de percevoir, cela avec ses structures mentales, conscientes et inconscientes. Le temps, la matière et l'espace sont de l'information et des ondes pour les physiciens. L'être humain est traversé par ces énergies en permanence, il est plus ou moins touché par certaines vibrations et c'est par le cœur qu'il réceptionne ce flux d'amour.

Comme tous les processus psychiques propres à l'homme, il y a une intentionnalité sous-jacente dans la manifestation d'une crise ou d'une dépression. Cette introspection est une véritable mise en marche d'un processus de rencontre avec soi-même. Tant qu'un individu ignore qui il est véritablement ou quand il l'oublie, il projette inconsciemment ses états de conscience sur les êtres et les objets rencontrés. S'affranchir de l'identification et prendre conscience de ses projections font partie intégrante du processus de travail analytique et aussi d'un chemin d'éveil et de libération. Le travail d'individuation s'enclenche lorsqu'il est temps de trouver en soi ses propres réponses et sa nature profonde. La société pousse à porter des masques et à se conformer en permanence. Cela est sans doute nécessaire pour la vie en communauté. Cependant, lorsque vous ne savez plus qui vous êtes derrière ces nombreux masques que vous avez dû porter, il est temps de s'intérioriser afin de se retrouver soi-même. L'accompagnement bienveillant du thérapeute ainsi que sa neutralité, respectant le rythme et le besoin de chacun, permettent de débuter le travail sur soi. Alors se met en marche tout un cheminement qui va passer par l'intérieur en plongeant dans ses profondeurs. En avançant dans son histoire personnelle d'un, il sera aisé de comprendre pourquoi le rouage s'est mis soudain à dysfonctionner. Suite à un enchaînement effréné de dépenses de temps et d'effort, d'espérance et de doute, aussi futile que la tentative précédente et échouant aussi sûrement que le fera la suivante, survient la nécessité de changement. Une maladie, un accident, un mal-être sont en réalité des appels et des tentatives de guérison.

A force de recouvrir chaque blessure afin de les panser pour ne plus les penser, peu à peu, les couches superficielles ont fini par voiler totalement la nature profonde de l'être. Ce passage trouble qu'est la dépression peut et doit être traversé même si pour le moment rien ne semble aller comme vous le souhaitez.

Accordez-vous ce temps nécessaire de rétablissement. En effet, reprendre le cours d'une vie après un épisode douloureux nécessite du temps et de la douceur. Au lieu de maudire une épreuve, apprenez à vous dire que cette situation survient parce que vous avez quelque chose à apprendre. Ce n'est pas le monde, les conditions extérieures ni les autres qui sont responsables du mal-être mais bien les dynamiques intérieures et le contenu psychique, affectif et subjectif de l'être. Une partie en soi jusqu'alors ignorée souhaite s'exprimer. L'inconscient, les ombres, les parties de soi méconnues, voire refusées, la vulnérabilité, remontent à la surface. Tout ce qui a été jusqu'alors ignoré et refoulé souhaite désormais resurgir. Il survient alors une période de troubles et de tourments. Ces sentiments de malaise sont des signaux d'appel de votre être intérieur, mais ne sont généralement pas reconnus comme tels. C'est pourquoi la plupart des personnes préfèrent accuser les autres ou les circonstances d'en être la cause.

Plus vous allez clarifier ce qui se cache derrière les émotions qui surgissent en vous, plus il vous sera facile de vous libérer des émotions en question, parce qu'elles sont là pour vous transmettre un certain message. Le chemin le plus sûr est d'identifier les peurs et les désirs, les attentes et les espoirs. La crise met en évidence la nécessité de s'écouter, cela en se reconnectant à ses véritables besoins. Au cœur de toutes émotions de peur, de colère, d'impuissance, il y a un besoin insatisfait et un appel d'amour. Ces émotions vous indiquent d'une part, si ce vers quoi vous dirigez votre attention cadre ou non avec vos aspirations véritables, mais elles viennent aussi mettre le doigt sur ce qui n'est pas résolu ou réglé en vous. Le sentiment d'incommodité permet de prendre conscience qu'il y a en soi un besoin insatisfait et que les pensées actuelles, les habitudes et les comportements présents diminuent fortement les possibilités de le satisfaire. C'est comme si l'émotion servait

31

de réflecteur et venait mettre en lumière ce qui est resté dans l'ombre jusque-là. Au lieu de voir vos émotions négatives comme un fardeau, voyez-les plutôt comme la lumière qui éclaire votre chemin et vous guide vers ce qui demande à être travaillé pour que vous puissiez trouver la paix, en profondeur et définitivement. L'homme commence à se découvrir lorsqu'il s'est confronté à ses parts d'ombre, tel un explorateur dans un nouveau monde, il s'apprête à apprivoiser son monde intérieur. Il s'agit d'aller explorer les dimensions de soi encore inconnues. Les vieux schémas de fonctionnement, les pensées inadéquates et les modes relationnels actuels arrivent à un moment à leurs limites. Le sentiment d'insatisfaction ressenti à l'intérieur de soi, dans son rapport à soi-même ainsi que dans les relations interpersonnelles provoquent de la confusion et des interrogations. Le temps est venu pour la plupart des personnes traversant cette crise d'une véritable remise en question et repenser le bilan de leur existence jusqu'à ce jour. Comprendre vos peurs est la voie la plus sûre pour surmonter vos blocages et ouvrir un champ de possible dans votre existence. Chaque épreuve porte en elle une force d'apprentissage et ce message vous sera délivré. Quand il vous arrive des événements douloureux, c'est pour que vous puissiez apprendre et passer à l'étape suivante. La vie se dévoile à chaque instant sous toutes ses formes, transitoires et éphémères.

Les préjugés moraux et sociaux peuvent entraver l'épanouissement de l'homme. Les conditionnements et une éducation trop stricte affectent le bon déroulement du processus de croissance personnel. Tout est subordonné aux conventions sociétales mais cela est si variable d'une culture à une autre. Les lois et les règles sociales et morales varient d'un pays à l'autre, d'une culture à l'autre. Ces préceptes sont secondaires car lorsque l'esprit trouve sa lucidité, il fait preuve de bon sens et sait ce qui est bon et juste. Vous êtes la personne la plus proche de vous et la plus à même de savoir ce qui vous est de l'agréable ou du supportable pour vous. Chacun porte un masque social, plus ou moins prononcé, selon les circonstances. Le rapport le plus essentiel est celui que vous entretenez de vous à vous. Il s'agit d'apprendre à se connaître le mieux possible. Cela vous permettra d'être de plus en plus authentique confronté au monde extérieur. Le bon sens et la bonne volonté sont des gages de bénédiction. Plus vous vous sentez en accord avec votre nature profonde et plus vous serez capable de vous adapter à l'environnement. Un être humain est un être humain bon parce qu'il va naturellement vers la justice et la justesse sans qu'aucune loi ne lui impose. C'est par nature et non par contrainte que l'éthique et le respect émanent d'un cœur. C'est la voie de la sagesse que de sentir intérieurement cette justesse, en conformité avec le déroulement du monde extérieur et d'autrui. Il est important de suivre des règles en société mais chacun se doit de devenir capable de suivre ses propres règles de conduite. Si chacun commençait à agir à partir du bon sens et du cœur, il se peut qu'il ne soit plus nécessaire d'avoir autant de règles. La société actuelle en crée de plus en plus et cela nous laisse penser qu'il se crée autant de formes infligées de violence et d'injustice envers l'autre. Un homme sage devrait pouvoir régler par lui-même ses comportements dirigés vers l'autre, cela avec justesse et sans recours à la justice. Bien que l'institution de la justice soit utile et sans conteste nécessaire dans certaines situations insolubles autrement, il serait préférable, tout de même, que chacun puisse vivre harmonieusement sans la nécessité d'une intervention juridique. Il n'existe pas de justice absolue ni de failles dans tout système. La nature a ses lois et parfois il est bon de laisser la vie se faire d'elle-même, un passage de ce qui est figé à ce qui coule. La loi, la sagesse et l'amour ne sont pas des commandements mais une ouverture spontanée qui se développe intimement. Il ne s'agit pas de dénoncer ni de condamner les comportements tyranniques, les dysfonctionnements sociétaux, les actions inachevées, les destins tragiques ni les relations avortées mais de reconnaître la souffrance très souvent vécue dans le silence et seule une souffrance reconnue est une souffrance qui peut se dépasser. Apprenez simplement à vous faire confiance et à faire ce qui est bon et juste pour vous. Cela requiert aussi une remise en question personnelle et un examen de conscience approfondi de soi. Les qualités qui sont nécessaires sont l'humilité et l'intuition. Il s'agit de s'interroger honnêtement sur soi.

Bien souvent nous demandons l'amour alors que nous avons été impitoyables et cruels. On ne supporte pas d'être jugé, mais où est l'honnêteté d'admettre le nombre de fois où l'on juge son prochain, les évènements ou les situations ? Nous exigeons la compréhension alors que nous n'avons jamais su comprendre personne, alors que nous n'avons jamais appris à voir le point de vue de l'autre personne ni à tolérer ses différences. Toutefois, il nous est possible d'examiner nos conduites sans pour autant nous culpabiliser mais avec lucidité et douceur. L'effort même de cette attention portée à ses propres failles rapproche de sa véritable nature qui est imparfaite et dans l'amour. Vous démontrez une maturité et une bonne volonté, les remises en question vous portent sur la voie du changement et de l'évolution. Vous pouvez explorer toutes vos facettes et vos dimensions avec honnêteté. Dans cette phase d'introspection, vous commencez à interroger les situations passées, présentes et à venir. Dans vos réflexions, vous arrivez, pas à pas, à amener du sens et une nouvelle interprétation à chaque évènement douloureux ou moins douloureux. Il est tout à fait possible de transformer son histoire, ses pensées et ses représentations par un effort en conscience. Tout comme vous pouvez désormais mieux vous interroger sur la nature de vos relations et si un lien est réellement toxique, vous serez en mesure de faire le travail nécessaire de séparation, cela sans sentiment de culpabilité ni ressentiment.

Derrière chaque voile qui tombe, vous savez qu'il s'agit de vous délester des vieux schémas car il est temps de changer de peau. La vie est faite de ces deuils permanents de soi. Chaque nouvelle version de vous-même demande à vous départir des précédentes. Et cela afin de mieux renaître à soi. Que maintenez-vous encore en vous qui n'a plus de raison d'être aujourd'hui ? Dans un travail d'introspection, accompagné d'un thérapeute, on ne tombe pas sur des vérités révélées. La vérité qu'on découvre, le temps venu, on la portait en soi sans y avoir accès. En fait, vous vous autorisez à vous rendre à vous-même votre amour propre en abandonnant ce désir aliéné de vouloir plaire à tout prix aux autres. Il y a à l'intérieur de vous une chose plus puissante que tout ce qui se passe tout autour de vous, cela s'appelle l'intuition et plus vous allez apprendre à vous connaître et plus vous aller affiner cette perception. Lorsque l'on parle des différentes facettes et des parts d'ombre en chacun, l'idée qu'on s'en fait concerne des tendances condamnables, des pulsions et des penchants répréhensibles, mais l'inconscient c'est aussi des ressources et des idéaux positifs enfouis qui ne demandent qu'à être exploités. L'inconscient comporte aussi des propriétés lumineuses, des rêves, des réactions appropriées et une force créative. C'est votre potentiel positif qui vaut la peine d'être désormais reconnu et apprécié. Voilà votre liberté d'être sans peur ni culpabilité, quand vous comprenez que vous pouvez créer votre vie selon vos propres critères. Apprenez à suivre votre intuition et non plus la foule, ainsi vous ferez honneur à votre cœur et sortirez doucement du sommeil de votre âme.

En définitive, ce n'est pas une mauvaise chose de traverser la crise car c'est lorsque les choses s'effondrent qu'elles laissent place au renouveau. L'état dépressif ne sera qu'un passage et cette crise demande à être traversée avec tous les soins nécessaires. Progressivement et avec l'accompagnement thérapeutique, le goût à la vie reviendra. Pas à pas, il s'agit de redevenir acteur de sa vie quand la dépression a fait de vous un simple spectateur. Ce passage est délicat à franchir mais il n'y a pas de fatalité car le courage et la bonne volonté suffisent à franchir n'importe quel obstacle. Le temps est venu de guérir vos blessures. Décider de guérir l'ombre en soi est un chemin profondément salutaire et créatif. Les crises servent d'indicateurs pour modifier une trajectoire, explorer de nouvelles orientations et aller expérimenter encore plus la vie. Le mal-être est un état transitoire qui annonce l'émergence de nouvelles dispositions et paradoxalement, la crise apparaît comme la voie la plus sûre pour la réalisation de son plein potentiel. C'est dans la vulnérabilité qu'il est possible d'être touché dans les profondeurs. Tout ce qui est enfoui peut désormais être contacté. Acceptez de laisser exprimer cette splendeur en vous. Le monde n'est ni menaçant ni contre vous, il s'agit simplement d'un chemin d'évolution, un appel véritable vers une voie plus profonde qui invite à aller au-delà de la surface. Rien sur votre cheminement n'est là pour vous soumettre, mais au contraire pour vous permettre de développer votre ouverture d'esprit et de cœur. Soyez assuré qu'il y a un potentiel en chacun de retrouver des sources de joie et de s'impliquer à nouveau dans le monde, c'est le principe de la vie.

Nous sommes des aventuriers qui expérimentons la vie et il nous arrivera de traverser un désert. Le chemin est tortueux mais il vaut la peine d'être suivi. Votre cheminement met en évidence les possibilités qui sont toujours en vous et que vous n'auriez pas soupçonnées sans ces difficultés. Avancez sur ces chemins plus sombres en gardant l'esprit et le cœur ouvert. Les lieux ténébreux cachent leurs secrets et votre regard finira par se poser un instant sur les reflets de la lune et la voûte céleste qui subliment le scintillement des étoiles. La beauté du jour ne peut exister sans être passée par une nuit étoilée et votre existence ne peut se limiter qu'à la clarté d'une surface. Une fois que vous avez expérimenté l'obscurité, vous apprécierez chaque étincelle de lumière. C'est quand vous réussirez à voir dans vos profondeurs, par la lueur de votre cœur, que vos compréhensions s'éclaireront. Voilà cet espace de confiance et d'amour où vous pouvez croire en tous vos possibles. Il y a bien en chacun une puissante force créatrice et vous êtes invité à réinventer votre existence. C'est par la créativité que vous allez vers une vie plus enrichissante et joyeuse, conforme à vos aspirations et valeurs personnelles, différente de ce que les autres ou la société imposent. Oubliez l'idée qu'il n'existe qu'une seule bonne route et qu'elle serait la même pour tout le monde. Chaque chemin est unique et il ne sert qu'à vous rapprocher et à vous mener à vous-même. Seul celui qui expérimente par un chemin initiatique trouvera ses propres réponses et ces chemins sont ouverts à chacun pourvu qu'il décide de poser le premier pas.

Vous pouvez désormais prendre une part active dans la concrétisation de la vie que vous désirez. Cela par la grâce qui vous porte. Vous ne portez pas la vie, vous êtes la vie. Si vous avez confiance dans le processus, vous êtes dans l'accueil, même si les circonstances sont pénibles dans le moment. Sachez que ce sont des expériences nécessaires et passagères. En acceptant ces moments de crise et d'incertitude, vous pourrez commencer à adopter une autre vision et ainsi vous dire que c'est là une opportunité de grandir. Chaque épreuve nécessitera un temps de récupération avant de réinvestir la vie, ceci est le processus d'expansion dans lequel vous devez avoir confiance. Il est nécessaire d'intégrer la leçon avant de passer à l'étape suivante de votre évolution. La vie ne vous prive de rien, elle vous offre tout, elle s'offre à vous. La vie vous propose toutes les possibilités infinies de l'expérimenter. Les évènements extérieurs qui se produisent dans votre existence ne sont là que pour vous amener à vous réaliser. Il est donc urgent de vous réconcilier avec la vie et de vous allier ensemble. Chaque adversité contient le germe d'une occasion d'apprentissage, chaque défaite contient sa victoire et comprendre cela est votre grandeur.

***

L'amour, la crise et l'éveil de la conscience nous bouleversent

L'amour survit aux crises et se fait inconditionnel pour une conscience éveillée

De toutes les pertes dans ma vie, l'amour a survécu à tout ...

Chapitre II La crise est un danger et une opportunité

Toute existence est un processus d'évolution, que se soit physiquement, mentalement, émotionnellement et spirituellement. Lorsque ce mouvement est entravé, il y a nécessairement un malaise, comme si quelque chose se passait mal ou ne se passait pas du tout. Sans évolution, il n'y peut y avoir ni épanouissement ni accomplissement et une vie sans épreuves est contraire à l'évolution. Toute existence est un chemin qui suppose une alternance entre bonheur et malheur, remplie d'épreuves, d'erreurs, d'espoirs et de désillusions qu'il faut savoir accepter ainsi que de succès, de joie et de partage. Seule la complémentarité entre le malheur et le bonheur donne le goût de la vie. Le malheur qui perdure est le malheur que vous retenez, quand vous vous confondez dedans. Ces changements d'humeur montrent que l'homme réagit aux circonstances extérieures. Dans ce monde toujours changeant et instable parfois violent, il s'agit d'acquérir la paix intérieure au-delà des modalités extérieures. Il n'y a pas de dualisme entre la réalité intérieure et le monde extérieur mais un lien nécessaire. Cela passe par une nécessité de réajuster à chaque instant ses états internes au-delà de toute source de perturbations externes. Nous impactons le réel et la réalité matérielle, environnementale et relationnelle influe sur nous. Ces variations d'états d'âmes constituent la nature humaine, alternant les désirs et les frustrations, la raison et la passion. Voilà le fondement du rapport au monde. Il est tout à fait possible de trouver une harmonie entre le monde intérieur et la réalité extérieure.

Les obstacles à la paix intérieure sont bien souvent les ressassements du passé ainsi que la victimisation, soulignant inlassablement les conditions extérieures plutôt que de se recentrer en son for intérieur. Il est probable que vous pensiez que vos conditions de vie sont problématiques, cela est probablement réel et c'est le cas de la plupart des gens. D'une part, évitez les comparaisons négatives, celles qui confèrent à l'autre une vie meilleure que la vôtre, vous savez cette tendance à imaginer que c'est mieux chez le voisin. Puis acceptez les conditions actuelles de votre vie. Effectivement, elles sont peut-être anxiogènes et réellement pénibles mais dites-vous que c'est ainsi pour le moment et que rien n'est figé ni définitif. L'équilibre et la paix intérieure consistent à concilier ces états d'âme variants et contradictoires. Le réel et l'existence contiennent les paradoxes. Les doutes et l'incertitude sont indispensables pour avancer. Il ne s'agit pas d'être paralysé par ces doutes mais les questionnements nous démontrent que rien n'est figé et au-delà de réponses toutes faites, il est toujours possible d'aller explorer la vie. Ainsi, tout est encore possible et cela ouvre véritablement un champ de potentiel et de créativité qui s'élargit à chaque expérience. Si les réponses n'arrivent pas tout de suite, ne vous inquiétez pas. Cela fait partie du processus d'évolution et il ne sert à rien de forcer le rythme de la vie et de la nature.

Soyez assuré que ni le malheur ne s'installe pour toujours dans l'existence ni le bonheur. Un équilibre intelligent semble bien s'harmoniser naturellement. En effet, la nature obéit à cette loi selon laquelle toutes les choses sont reliées à d'autres pour former des paires d'éléments complémentaires. Comme dans le tao et sa figure du yin et du yang, les contraires existent, mais ils ne sont pas antagonistes. La dualité règne à l'extérieur, comme le jour et la nuit, la chaleur et le froid autant qu'à l'intérieur de soi, où s'entrechoquent les élans altruistes et les désirs égoïstes, la peur et le courage. Ainsi, refuser cette loi est le meilleur moyen de souffrir et d'être en conflit avec les autres et surtout avec soi-même, enfermé dans un tiraillement permanent. Alors, il est nécessaire d'accepter l'apparence de dualité du monde et des êtres. Cette attitude favorise la tolérance, la patience et la bienveillance. Partout où il y a une forme de contradiction, il existe une concordance des contraires, c'est-à-dire une interdépendance, comme l'aimant qui est chargé autant d'énergie positive que négative. Cela est semblable aux désirs et aux penchants des humains. Il est possible de désirer et de rejeter, de ressentir autant d'attraction et de répulsion à l'égard d'une même chose. L'ambivalence est l'une des formes des passions humaines qui confirment ce phénomène du tout et de son contraire faisant partie intégrante du monde. Vous pouvez vivre ces douces sensations mêlées de douleur et d'amour. Tiraillé par ces polarités opposées et intrinsèques à la nature, vous n'avez pas à culpabiliser de ces émotions contradictoires qui sont passagères. Rien n'est jamais figé et la vie n'est pas statique. Le mouvement est le principe même de l'univers et de l'amour car aimer c'est aller de soi au monde. La paix consiste à vivre avec ces oscillations et apprendre à les transformer avec le temps. L'obscurité s'efface en mettant cette zone d'ombre en lumière et vous serez de plus en plus en mesure de clarifier ces parts qui vous hantent.

C'est lorsque la peur est plus forte que l'élan naturel ou la vie s'affaiblissent. Où sont passés l'enthousiasme et l'émerveillement ? Submergé par des émotions de peurs, des angoisses et une incapacité à être dans le discernement ou faire preuve de bon sens, la vie semble s'écrouler. Elle se caractérise notamment par une perte profonde de sens et d'intérêt. Les pensées ainsi que le monde extérieur apparaissent confus et chaotiques, certaines fois le monde est véritablement menaçant. La vie, tel un balancier, oscille de la souffrance à l'ennui, du tourment aux doutes. Toutefois, chercher à se départir des émotions inconfortables, des situations désagréables ne feront qu'accentuer le mal-être. Cette fuite ne sert à rien, car les émotions demandent à être observées, écoutées et prises en compte. Ecoutez ces messages d'inconfort. De toute façon, elles se frayeront toujours un chemin pour se faire entendre. Ce dont on a le plus peur est ce qui doit être guéri. Le message revient inlassablement sous une forme ou une autre, comme la maladie, les sentiments de malaise ou d'inconfort. La recherche de la stabilité intérieure est l'affaire de toute une vie. L'existence est conçue, tel un chemin d'initiation, un cycle d'expériences successives dans lequel à chaque étape un voile se lève. Les souffrances ne naissent que lorsque vous allez à l'encontre du courant, lorsque vous tentez de contrôler ce qui vous entoure.

Ce qui semble s'échapper est en réalité une demande d'aller de l'avant. Cette phase est difficile mais elle se révèlera libératrice. Voilà la bonne nouvelle, c'est le tournant de votre vie. Il s'agit de réorienter et redéfinir ses systèmes de croyance et ses dynamiques internes. Ce sont les vieilles croyances limitantes, les anciens schémas et les conditionnements du passé qui apportent des réponses incompatibles avec des évènements du présent. Ces ancrages et ces références du passé sont devenus obsolètes, voilà pourquoi il y a dysfonctionnements et comportements non adaptés à la réalité du moment. Il s'agit de laisser partir les schémas de pensée qui ont été efficaces par le passé, mais qui ne le sont plus dans votre contexte actuel. La souffrance est là lorsque le passé continue à définir le présent. Pour guérir, il faut vivre au présent et se libérer du poids des traumatismes et des blessures du passé, bien souvent des blessures oubliées. Quoi qu'il puisse vous arriver, retenez que tout va beaucoup mieux que ce que vous pouvez imaginer, quand vous avez l'impression d'avoir perdu tout contrôle, de stagner, d'être retenu, de vivre dans l'impuissance, ce qui, par moments, vous frustre, vous horripile ou vous angoisse. Vous n'avez que produit un arrêt et fait une pause, plus ou moins prolongée, pour mieux clarifier ce qu'il convenait que vous gardiez et éliminiez dans votre intention de toujours aller de l'avant, de toujours vous élever.

La vie est bien une dynamique de croissance qui ne peut se faire sans épreuves. L'expérience est la vie. Vous ne pouvez pas faire l'économie des souffrances. Les expériences ne sont ni bonnes ni mauvaises, elles adviennent tout simplement. Il s'agit de s'efforcer d'apprendre ce vers quoi elles tendent, ce qu'elles enseignent et le sens que vous êtes seul à attribuer. Apprenez à leur être reconnaissant, sinon l'essentiel échappe et vous manquez alors l'occasion de grandir. Aussi, ce qui est perçu comme souffrance lors de ces états de fragilité pourra plus tard être considéré comme une opportunité de croissance et d'évolution personnelle, cela en intégrant la leçon de vie. Le corps et l'esprit ont la capacité de se régénérer naturellement. Le corps et l'esprit peuvent cicatriser. En physique, la résilience est l'aptitude d'un corps à résister à un choc. Tout comme le corps peut souffrir, l'esprit a aussi ses propres souffrances ainsi que ses capacités de régénération et de cicatrisation. La résilience est une notion reprise par le psychiatre Boris Cyrulnik et introduit une approche psychologique prometteuse et évolutive. La résilience désigne alors la capacité de réussir à vivre et de se développer positivement, de manière socialement acceptable, en dépit du stress ou d'une adversité qui comportent normalement le risque grave d'une issue négative. Ce qui a survécu aux crises et aux désastres est d'autant plus magnifié. C'est l'admirable courage des blessés. Ce processus permet de sortir pas à pas de la position de victime afin de se réapproprier son existence. Face aux obstacles et aux résistances que vous rencontrez, il s'agit d'adopter l'attitude de non- victime où la question à se poser est : " Qu'est-ce que je dois comprendre dans l'épreuve qui se présente à moi ? " Si vous jugez comme mauvaise expérience une situation de votre vie, sachez que vous émettez là un jugement trop hâtif car vous n'avez pas encore connaissance d'informations supplémentaires.

Vous ne pouvez tout contrôler alors, confronté à un obstacle, au lieu de vous sentir impuissant, il vous sera possible d'aborder l'évènement sous un autre angle. En effet, opter pour un autre point de vue conférera instantanément un autre sens. Ce recul vous ouvre une perspective plus large et les solutions apparaissent pour surmonter l'obstacle. La souffrance est engendrée par le mental qui estime que les choses devraient être différentes de ce qu'elles sont. Le cœur, lui, accepte les choses telles qu'elles sont en sachant que c'est exactement l'expérience nécessaire pour votre évolution. Vous ne connaissez pas le déroulement des choses ainsi que les suites et les conséquences sur l'avenir qui s'écrit en permanence. Vous avancez à tâtons, en expérimentant la vie, aveugle aujourd'hui, vous serez ébloui demain par des évidences qui se dévoileront au long de votre progression. La vie se manifeste dans toutes ses expressions et sa splendeur. Il s'agit de trouver la juste combinaison entre les évènements extérieurs et les réponses des états intérieurs. La vision éclairée perce l'écorce et voit au-delà de la surface. Progressivement, vous apprenez à tourner les pages de votre histoire.

C'est bien en sortant de la zone de confort de temps à autre et en expérimentant de nouvelles choses que l'évolution ainsi que de nouveaux apprentissages sont possibles.
Cependant, cette escapade nécessite du courage. La plupart des gens préfèrent rester dans le connu, même s'il est déplaisant. La peur de l'inconnu et la peur de perdre le contrôle bloquent certaines décisions qui sont pourtant porteuses d'un puissant

potentiel. Comprenez qu'à chaque instant il est possible de quitter ce qui ne vous convient pas ou plus. Parfois il est salutaire de s'extraire d'une situation au risque de vous y enliser durablement. Plus vous allez apprendre à vous intérioriser et à vous connaître et plus vous allez être capable de participer à vos choix en conscience. C'est en vous interrogeant honnêtement que les réponses se révèleront. Certaines situations inconfortables ne sont en réalité maintenues que par la présence de bénéfices secondaires. Bien sûr cela nécessite du travail et de la constance. Le changement doit passer par un examen de ses vieilles convictions, le remplacement de ses doutes par des images nouvelles, le fondement de nouvelles croyances sur des intentions claires. En centrant son attention sur les solutions qu'on veut plutôt que sur les problèmes, il ne se profilera que des solutions, des possibilités et des opportunités. Les moments de crise doivent être saisis sous un nouveau jour. En fait, ils nous demandent de faire cet effort de conscience afin d'accéder à une meilleure vie. Si vous estimez avoir attiré des relations amicales et amoureuses dans lesquelles l'autre et vous ne vous êtes pas sentis respectés ou n'avez réellement pas été respectés, c'est parce que vous n'aviez pas l'estime suffisante de vous-même à vous-même. L'expérience est alors un miroir qui reflète l'image de soi et les pensées entretenues sur soi-même, les autres et le monde. Ainsi, les expériences et les sensations servent d'indicateurs des points à travailler en soi. Il est donc essentiel de travailler sur soi et les schémas dysfonctionnels disparaîtront uniquement quand la pleine responsabilité de ses pensées et de ses actes seront mises en lumière puis acceptées. Il est nécessaire d'identifier et de rejeter en conscience le problème avant de pouvoir vivre le changement. Ainsi il est possible de bousculer tous les vieux schémas qui sont le fruit de conditionnements de façon à faire place à de nouveaux concepts.

Pour transformer sa vie, il faut donc commencer par exposer ouvertement toutes ses peurs et ses doutes et les amener à la lumière de la conscience, tenter de retrouver le besoin caché qu'il y a derrière chaque peur. À chaque étape, un niveau d'ouverture du champ de conscience se produit. Ainsi, l'existence est une suite de leçons qui vous permettent d'évoluer. Aller contre cet élan naturel entrave l'évolution. Quel est cet état naturel d'ouverture et comment y parvenir ? Tout simplement en cessant de lutter. Cessez de lutter contre vous-même, les autres et le monde. Il s'agit de suivre le courant de la vie et d'accepter que vous n'avez pas de contrôle sur tout. L'illusion de toute-puissance rend malheureux et mène à la frustration. C'est en acceptant que la vie apporte les réponses à sa façon que la paix intérieure s'installe. Les situations se produisent comme elles doivent être et les personnes arrivent au bon moment. Une épreuve peut être qualifiée de spirituelle dans la mesure où elle vous amènera dans les dimensions intangibles de l'esprit, de nature divine, ou de s'y relier avec confiance à la vie elle-même. Ainsi l'état de sérénité s'installera en vous et autour de vous. Vous avez la possibilité de transformer n'importe quelle blessure. L'amour survient lorsque la leçon de vie a rejoint le cœur.

Si vous vous brisez, c'est uniquement pour mieux vous recréer. Les choses doivent s'écrouler pour se reconstruire. La vie sait fissurer ce qui est bétonné, cela pour faire naître ces brèches où de la clarté pourra venir s'y engouffrer. Les réponses se trouvent entre ces propres fissures, dans l'imperfection et non dans l'aspect lisse et poli de la surface. Approchez-vous de plus près de ces parts d'imperfection car en elles se trouvent les semences de votre humanité. Lorsque vous ressentez de l'insatisfaction dans votre vie, jusqu'à même penser que tout est perdu, il faut savoir qu'il existe encore et toujours des ressources afin de transformer les épreuves. Il s'agit de décristalliser toutes émotions refoulées ou pensées obsolètes afin de s'alléger et apporter des nouveaux comportements et schémas de pensée plus appropriés à l'existence actuelle. Ces émotions profondes qui ont été cristallisées pendant des années recouvrent votre véritable moi. C'est pourquoi l'humilité est une qualité nécessaire car cela demande de laisser partir certaines certitudes et quelques idées préconçues sur le monde, sur l'autre et sur soi-même. Ecouter ce que le monde a à vous apprendre et accepter cette part qui vous échappe. Penser que le monde est fermé est une croyance limitante, ce sont vos propres limites qui empêchent de discerner toutes les autres sphères de l'invisible. Parfois, sous le coup d'une douleur, par la grâce d'un émerveillement, une faille se produit et perce l'épaisseur, une brèche par laquelle la lumière est amenée à se répandre. Bénie soit la divine blessure qui érafle la peau et écorche l'âme, elle vous rend plus vivant que jamais.

La véritable source des souffrances et des fortes réactions émotionnelles n'est pas ce qui se passe à l'extérieur de soi, mais ce qui se passe dans votre for intérieur. Vous êtes le seul à accéder à ses profondeurs et à apporter les transformations nécessaires. Ce n'est pas la situation qu'il faut changer mais bien son attitude intérieure face à la situation, vous apporterez une compréhension nouvelle à chaque effort appliqué sur vous-même. Tel un alchimiste, votre travail est de transformer vos pensées et vos émotions pour les purifier et les transmuter en lumière. L'alchimie est le travail du souffre et votre travail est celui de transmuter vos souffrances. Apprendre à transformer ses émotions, c'est se transformer soi-même. Il s'agit de dissoudre les émotions négatives pour les transformer en sentiments positifs. Comprenez cette image de façon métaphorique et le langage symbolique est puissant. On peut faire le parallèle entre le travail alchimique et le processus de maturation psychique. Ce travail offre à l'homme la possibilité de se transformer en alliant ses parts d'ombre et de lumière, ses parts conscientes et inconscientes afin de devenir la meilleure version de lui-même. Bien sûr, il s'agit d'une tâche de longue haleine, d'un processus initiatique, au cours duquel il faut régulièrement décomposer et coaguler, purifier et réaliser, séparer et unir, mourir et renaître. Ainsi, il sera possible de déplacer vers le cœur toutes les émotions impures qui vous traversent pour les brûler et les transformer en une énergie purifiée, à la manière de l'alchimiste qui, dans son atelier, transforme le plomb en or. C'est l'ego qui se modifiera petit à petit dans ce travail d'alchimie. Le véritable alchimiste est celui qui trouve l'or de l'âme, la maîtrise intérieure. La découverte de la pierre philosophale est la symbolique de la découverte de son identité affranchie des chaînes. Voilà le travail de votre liberté créatrice, celle qui permet de réinventer votre vie selon votre propre volonté. Votre métamorphose est votre véritable délivrance. À chaque effort dans ce voyage intérieur, l'horizon s'élargit et tout devient plus vaste que l'étroitesse ressentie jusqu'alors et qui limitait cet accès à cette grandeur. Face à l'adversité, vous êtes suffisamment en mesure de transformer votre douleur en force créatrice, cette puissance est déjà vôtre. Vous serez guéri de ces blessures que vous avez laissé saigner dans votre âme. Vous serez guéri de ces plaies que vous nourrissez de vos peurs et de vos inquiétudes, entretenues tel un foyer de feu nécessitant d'être alimenté pour brûler de plus belle. Le feu vous consume mais la nature donne le juste équilibre et vous serez libéré de ce qui vous brûle en laissant déverser sur vous l'eau qui vous soulage et vous purifie.

Le terme de guérison est délicat à définir dans la mesure où l'idéal qu'il représente n'est que rarement, voire jamais atteint. On ne peut se guérir d'être humain, traversé par des émotions. On parle alors de rétablissement, c'est pouvoir accéder à un équilibre nouveau, fort de ses expériences et de ses acquis.

C'est en décidant de prendre soin de soi qu'il peut y avoir une véritable transformation, quand vous décidez de prendre l'entière responsabilité de votre propre bien-être physique, psychique et émotionnel. Cela en vous demandant qu'est-ce que vous cultivez à l'intérieur ou qu'est ce que vous allez faire de ce qui vous est arrivé. Ainsi, la prise de responsabilité et la part d'action redonnent le sentiment de pouvoir sur son existence. L'homme a le besoin fondamental du sens et de la valeur. Il est capable de traverser n'importe quelle situation tant qu'il y confère un sens. Le sens éprouvé s'intègre dans l'intériorité et participe à cette richesse intérieure. L'introspection, la méditation, l'imagination créatrice et toute forme d'art sont certains outils privilégiés pour ce travail. Plusieurs fois dans leur existence, les humains ont à subir des épreuves qui les obligent à se poser les seules questions vraiment importantes, celles qui concernent le sens de leur vie. Il y a ceux qui donnent leur pouvoir à la famille, à la religion ou à la société. Pourtant cela n'est d'aucun secours car ils demeurent dépendants de ces institutions extérieures. Il y en a d'autres, ceux qui ont assez souffert et n'ont pas le choix que de sombrer profondément en eux-mêmes. C'est ainsi qu'ils renaissent à nouveau grâce à l'expérience qu'ils ont vécue. En chacun se trouvent toutes les réponses, toutes les ressources pour affronter les épreuves de la vie. Le chemin est conséquent et le travail sur soi est un véritable investissement. Après avoir cherché, exploré et creusé, on finit par trouver les réponses en soi plus sûrement qu'en toute chose extérieure. Ce discernement est véritablement l'ouverture de la conscience et assure le reste des pas sur le chemin de la connaissance.

Une épreuve nécessite d'être considérée comme une opportunité de progrès et ainsi essentielle à l'évolution personnelle. On ne recule pas devant les passages obligés de la souffrance. Le courage n'est pas inné, il s'acquiert par les expériences et la reconnaissance en ses propres ressources. Les crises sont salutaires et les épreuves finiront un jour par vous dévoiler un autre visage. Il est possible de se défaire de ses chaînes mentales et émotionnelles. C'est l'attachement au passé et le refus du changement qui sont la source de toutes les souffrances. Aussi, accepter la réalité du moment c'est avoir une approche évolutive de la vie car les regrets génèrent des tourments et des incompréhensions. Vivre la réalité signifie s'adapter et agir au mieux de ses possibilités du moment. Quoi qu'il vous arrive, ne vous laissez pas troubler ni décourager, mais faites en sorte que votre esprit reprenne la maîtrise de la situation. C'est ainsi que vous allez découvrir votre véritable liberté, car seul l'esprit est véritablement libre. En fait, les seules prisons qui vous empêchent d'avancer sont en vous. Vous seul pouvez reconquérir votre vie. Lorsque l'esprit et le cœur sont libérés des vieilles blessures, alors le monde extérieur devient source de confiance, de partage et d'amour. Il ne s'agit pas d'aller se confronter à toutes ses peurs mais de se laisser traverser par une peur et avoir confiance dans ce que la vie va vous permettre de réaliser.

Après une période d'égarement où se mêlent les attentes, les besoins, les désirs et les frustrations en cédant parfois aux uns et parfois aux autres, c'est la compréhension de la voie du juste milieu qui conférera l'équilibre. L'itinéraire du chemin se dessinera d'instant en instant. C'est par la force de l'esprit que chacun pourra retrouver et pratiquer quotidiennement cet effort de conscience. Lorsque vous avez un désir, tournez votre attention sur ce désir, pensez à la direction que vous prenez. Votre point de départ est cet instant présent. Les pensées dirigées avec cette conscience vers des objectifs clairs seront déterminantes dans la manifestation d'une existence conforme à ses désirs et à ses aspirations profondes. En créant une nouvelle vision de ce qu'on veut devenir, on force cette vision à se réaliser certainement. Chaque situation difficile peut être abordée sous un nouvel angle. Il s'agit de la saisir comme une occasion d'expérimenter et de progresser plutôt que subir et se sentir impuissant. Il n'existe pas d'échecs mais uniquement des expériences qui sont des leçons de vie. C'est la véritable mise en marche sur la voie initiatique, là où chaque prise de conscience ôte un voile et permet de ressentir la beauté, la vérité et l'amour, affranchi de toute illusion.

En réalité, les problèmes n'attendent pas de réponses ni de solutions. Ils nécessitent simplement d'être dépassés par une force de vie. Il n'est plus utile de chercher à résoudre telle ou telle problématique mais simplement de la transcender avec une conscience qui s'élève, s'éveille et englobe le tout. Vous attendiez peut-être un signe, en voilà un, laissez-moi vous dire que vous êtes sur le bon chemin. Pourquoi ? Parce que c'est le vôtre et il se charge de vous faire grandir à chacun de vos pas. Ne mesurez jamais la complexité d'un problème tant que vous n'en n'avez pas exploré totalement le contenu. Parfois on est surpris de la vision qu'on en avait et qui s'amenuise lorsqu'on a bien examiné les bases de ce qui se posait. Une conscience qui s'est éveillée engendre de nouvelles compréhensions sur des situations non résolues et qui persistent au présent. Chacun détient ce pouvoir inné qui lui permet de créer la vie qu'il souhaite. La plupart des vies insatisfaisantes sont en réalité des vies subies où le sujet ne sait pas vraiment au fond ce qu'il souhaite. Une personne qui a vraiment clarifié cela pourra immédiatement commencer à transformer ces circonstances actuelles. Cela simplement parce qu'il connaît ses désirs et ses valeurs mieux qu'une personne plaintive qui se laisse aller au gré du vent et des évènements de la vie. Si vos connaissances vous prédisent l'échec, vous avez toujours la possibilité de diriger votre imagination pour surmonter cette impulsion, et avoir la certitude du succès. Chacun a la capacité de se changer soi-même ainsi que ses croyances. Voilà la première étape de transformation qui consiste à dépasser les croyances limitantes ou négatives qui empêchent de réaliser ses désirs et de combler ses besoins. Dans l'esprit, il n'existe pas d'autre limite que celle de ses croyances et de ses convictions. L'introspection est la voie la plus sûre pour permettre aux sens de s'affiner et d'aller dans ses profondeurs. Lorsque la conscience touche la blessure et que la lumière la traverse, alors elle n'est plus une souffrance mais un honneur. La beauté et l'amour viennent au plus près de l'être, dans le cœur où toute séparation est levée, il n'y a ni douleur ni regret mais la sensation d'être pleinement vivant.

***

Il est temps de laisser rayonner toute la beauté, la vérité et l'amour que vous avez contenus depuis si longtemps ...

Chapitre III la voie spirituelle

Chacun est quelque part à la recherche du sacré. Certains l'appellent dieu, d'autres allah, d'autres bouddha ou le tao. Les agnostiques ne le nomment pas et les scientifiques l'appellent l'univers ou la force intelligente supérieure. Il existe différents noms, différents attributs pour la même essence, insaisissable mais ressentie par tous à un moment dans une vie. Les secrets de l'univers sont mystérieux et dans cet ordre du cosmos, il y a quelque chose de subtil, d'intangible et d'inexplicable. Chacun a eu ce sentiment qu'il y a quelque chose de plus grand et plus aimant que soi. En quête de sens, la nature humaine a un besoin profond de retrouver certaines racines et dimensions. Au-delà de l'espace et du temps, il existe bien un lieu sacré. Il y a cette sensation qu'il existe une chose infinie, non divisée et indicible. La réponse n'est pas dans des figures inventées et proposées depuis des millénaires. Ne rendez pas de culte à des idoles car c'est en vous que tout le pouvoir se trouve. Bien que chacun se doive de respecter les croyances religieuses, philosophiques ou toute forme de courants d'idées, y compris les recherches scientifiques, personne ne peut prétendre détenir la vérité. Nous devons respecter et honorer chaque parcelle de vérité relative mais la Vérité absolue est en création permanente, changeante et évolutive. La spiritualité n'est pas un système religieux ou une philosophie culturelle, encore moins un refuge ni une échappatoire. La spiritualité évoquée ici ne se rattache à aucun courant particulier, elle est universelle et se rattache à la force de vie elle-même. C'est une fonction naturelle inhérente à la conscience et qui confère profondément du sens à l'existence. Elle est indépendante de toute croyance, religion ou dogme et se démarque foncièrement de l'ésotérisme. La spiritualité vous invite à reconnaître l'existence de votre véritable nature et à apprendre à vous laisser guider par elle. Elle est la continuité de la vie et des mystères qui la composent, ce qui dépasse toute explication rationnelle comme la venue au monde demeure encore un miracle à ce jour.

Lorsque le temps de s'interroger sur soi est arrivé, rien ne peut entraver le chemin. Lorsque chaque dysfonctionnement intérieur aura été identifié, travaillé et accepté, que restera-t-il en vous si ce n'est cet espace d'amour inconditionnel. La spiritualité apparaît dans notre vie dès que nous commençons à porter attention à nos insatisfactions et à nos aspirations, à nos sentiments et sensations, et que nous nous demandons quel est véritablement le sens de notre vie. C'est en se mettant en quête de vérité et de réponse que le véritable chemin commence avec un acte de courage personnel qui implique le renoncement et la foi. Il s'agit de renoncer à son confort, à son ego, se remettre en question et commencer à s'interroger plus profondément. Pourquoi dois-je affronter des contrariétés ? Pourquoi toutes ces difficultés à traverser ? À quoi a servi tout ce que j'ai réalisé ? À quoi sert ce que je fais ? Quelle est ma place dans cette vie ? Une véritable recherche du vrai, du juste et du beau selon vos valeurs profondes. Voilà la quête initiatique, une spiritualité affranchie de tout dogme et de figure d'autorité extérieure. Celle qui confère à l'humain son pouvoir intérieur, sa divinité et sa puissance. Cette aventure commence quand enfin la peur rejoint l'amour et s'y soumet.

Les besoins fondamentaux de l'homme sont l'appartenance à ses semblables et l'amour. Ainsi, chacun est avant tout un être relié, aux autres, à son environnement et à une force intelligente qui le dépasse. Cette force supérieure prend différents aspects, multiplie ses manifestations, et chacun est en relation collective et individuelle avec elle. C'est la découverte d'une autre dimension de vous-même, cette part lumineuse et puissante qui ne demande qu'à être développée par vos différentes expérimentations. En connexion avec cette énergie d'amour en vous, vous pouvez transformer n'importe quel état intérieur par un sentiment de satisfaction. L'amour ne se trouve pas dans un cœur muré et fortifié, mais là où toutes les peurs et les limitations se sont effondrées. Vous êtes invité à réaliser cet état de contentement en observant les jeux de l'ego dans la confiance et le lâcher prise. Le fait d'observer les mécanismes de l'ego vous permet déjà de vous en distancier. Les résistances, les jugements et les préjugés sont des limitations auxquelles se raccroche l'ego par peur de perdre le contrôle ce qui est le premier pas pour commencer à vous en défaire. Vous arrivez ainsi à ressentir une sorte d'appel profondément intérieur et en même temps un désir d'englober la totalité du monde extérieur. Vous êtes face à un besoin de vous sentir en cohésion et uni au monde et aux autres. Cela ne vient pas d'un besoin intellectuel mais d'un élan du cœur. Rappelez-vous avec sagesse que tous les êtres partagent les mêmes aspirations d'amour tout autant que les mêmes souffrances, les peurs et les angoisses. Chacun est à la recherche du bonheur tout simplement et chacun emprunte une voie unique. Cela est réalisable pour tous ceux qui le souhaitent, dans une démarche de recherche authentique, alliant la foi, l'intuition et le discernement, il est possible de rencontrer sa nature profonde.

Les désirs et les besoins naissent de deux sources qui sont la peur et l'amour. En vous mettant à votre écoute, vous pouvez vous demander en conscience si vous avez besoin de retenir telle ou telle peur, une peur réelle ou imaginée ? La peur est liée à un besoin non comblé, par exemple la confiance, l'estime de soi, la capacité de poser des limites parmi d'autres attributs. Il s'agit dès lors de développer en soi ces qualités afin de s'apporter à soi-même ce qui est tant mendié à l'extérieur. Ainsi, ces deux sources d'énergie dans une égale opposition l'une de l'autre qui rentrent en action en toute situation. L'amour recherche la réunion et des ressemblances tandis que la peur focalise sur la séparation et les différences. Progressivement, vous serez davantage dans l'amour pour vous-même plutôt que dans la peur ou le jugement, plus en mesure de faire face à vos peurs et de les envelopper de toute la bienveillance et la douceur nécessaire. Les peurs aboutissent à une série d'options limitées tandis que l'amour a pour résultat un champ de possible étendu et illimité. En effet, dans l'accueil du cœur, vous vous ouvrez à l'inconditionnel, c'est-à-dire sans que vous n'émettiez ni conditions ni limitations de l'esprit. Abandonnez les préjugés de l'ego, et laissez percer cette bulle afin que la clarté illumine votre existence. Soyez reconnaissant de la vie, de la beauté, de l'air que vous respirez, du soleil sur la peau et des vibrations d'amour. Toute personne peut admirer la beauté d'un magnifique coucher de soleil ou d'une scène spectaculaire, rempli d'émotions. Il est aisé d'être en admiration devant la splendeur des étoiles, mais être capable de voir et d'admettre de la beauté en toute chose est la véritable voie de l'émerveillement et de la contemplation. Soyez reconnaissant de votre vécu et aussi de toutes celles et ceux qui ont contribué à votre cheminement, que ce soit parce qu'ils avaient l'élan d'y contribuer ou par leur adversité. L'amour survient lorsque la leçon de vie s'unit avec le cœur. Quand il y a l'amour, il ne reste que l'amour, il n'y a plus de place pour autre chose. S'il vous semble que tout est anéanti, sachez qu'il reste la vie, l'histoire de la vie, c'est l'histoire de l'amour.

Quand il y a de la tristesse ou un profond chagrin, une petite voix persiste et cherche à vous consoler. Qui ne s'est pas un jour adressé à cette instance supérieure ou au ciel ? Qui n'a pas demandé la paix, l'amour ou le bonheur ? Et comment recevoir ces bénédictions ? Nous n'avons pas toujours conscience immédiatement de ce qui est le mieux pour nous et encore moins pour les autres. La colère, la frustration ou la déception ont pour origine l'écart entre vos illusions et la réalité. C'est à cause d'idées arrêtées, de pollutions psychiques, de toute forme de relations toxiques et de poison émotionnel qu'il est difficile d'entendre les désirs de l'âme. Le mental interprète, classe ou juge. Le cœur accepte et accueille. L'ego est là pour se protéger et empêche votre être de se laisser traverser par l'énergie de vie. Jusqu'alors au contrôle des pensées, il fera preuve de résistance dans chaque situation nouvelle et face à chaque nouveau concept d'ouverture. Les pensées qui viennent de l'ego sont subjectives, changeantes et personnelles. Laissez bouger ce qui bouge. Elles arrivent et s'en iront si vous ne leur accordez ni attention ni intérêt. Elles sont aussi infiniment subtiles et, si vous les entretenez comme réelles, elles vous bloquent dans le drame de votre histoire personnelle.

Il est utile de prendre du recul dans les situations difficiles. Il est également bénéfique de se concentrer sur d'autres éléments importants à vos yeux. Ce faisant, vous élargissez votre horizon, votre regard sur vous-même et les autres se modifie et attribue de nouveaux sens. Le monde se transforme et les situations à l'origine de vos souffrances seront saisies sous un nouvel angle. Une véritable mise en lumière qui fait accéder à un changement de conscience et d'état d'être. Il existe bien en soi un espace unique qui n'a jamais été blessé. C'est dans le silence intérieur qu'il peut être rencontré. C'est l'ultime refuge du bonheur qui est hors du temps au-delà des préceptes culturels, sociaux et politiques. Ces événements vous permettent de vous rapprocher de vous-même, à condition de les aborder avec prudence, l'esprit ouvert, non comme des vérités établies, mais plutôt comme une expérience ressentie et éprouvée qui se dévoile progressivement au fur et à mesure de l'évolution. Avec cette condition, elles peuvent se révéler bien différentes de ce que décrivent les religions et les dogmes. Voilà le plus grand pressentiment. La porte du sacré s'ouvre lorsque le mental se confronte à ses limites. Des clés pratiques telles que l'observation des sentiments qui vous traversent et la méditation, sans connotation religieuse, sont bien utiles. Vous avez en vous tous les moyens qui permettent de vous ouvrir à cette dimension plus vaste et vous unir avec la vie. Cet état interne de non dualité mais une véritable unité en vous et autour de vous.

Tout se comprend mieux quand vous prenez de l'altitude pour considérer le monde dans la grandeur, plutôt qu'à partir du sol. Il est utile de prendre du recul dans les situations difficiles. Il est également bénéfique de se concentrer sur d'autres éléments importants à vos yeux car les fixations et la fermeture sont source de souffrance. Il s'agit d'être capable de lâcher prise sur les idées fixes sur soi-même, les autres et le monde. Ce faisant, vous élargissez votre regard sur vous-même. Votre expérience est celle que votre volonté profonde a demandée. Ces crises et remises en question ont pour seul but de déployer la conscience. Vous avez cette intuition qu'il y a un appel plus grand que ces limitations et préoccupations humaines du quotidien. L'univers est une religion cosmique. Il est divinement organisé et détient ses propres lois comme celles d'une juste tension entre la puissance de la force et la sérénité du relâchement. Le mental n'a qu'une vague compréhension de ces lois. L'esprit limité ne peut appréhender la force mystérieuse qui régit les étoiles. Il y a en vous une puissance illimitée qui sait se connecter à cette intelligence transcendante. Ceci est véritablement l'appel de votre divinité. Votre expérience est celle de l'énergie de vie qui se manifeste et se déploie. Lorsque vous faites face à une difficulté et que vous êtes véritablement éprouvé, sachez que derrière c'est votre âme qui vous appelle à plus de lumière et de liberté. Vous n'êtes pas limité par les jugements étroits ni les perceptions subjectives, parfois fantasmagoriques ou obscures. Vous êtes au-delà de ces définitions, toujours en devenir, capable de vous transformer à travers les crises et les épreuves de la vie. La vie est en mouvement permanant et la nouveauté se trouve à chaque instant. La réalité est votre champ d'expérience et votre créativité est infinie. Cette réalité, non seulement individuelle, mais globale, est entièrement malléable. Vous ne pouvez être stable et figé dans ce monde instable et changeant alors vous devez vous réinventer à chaque instant. Vous dirigez votre existence à l'aide de vos pensées, de vos désirs, et de vos choix, c'est le voyage de votre vie. Vous êtes dans le monde et vous ne pouvez vous en dérober, alors embrassez-le pleinement.

Les rencontres et les visages se métamorphosent maintes et maintes fois et apparaissent sous de nouvelles formes tout au long de l'existence. Si vous arrivez à intégrer vos expériences, à maîtriser vos pensées et vos émotions, alors le reste de votre vie se mettra en place plus naturellement. Il est possible d'apprivoiser vos émotions et vos pensées afin de ne plus en être esclave. Les interprétations de la réalité sur laquelle sont projetés toutes sortes de fantasmes est une des causes majeures de souffrance. Les états psychiques attirent des courants de force qui leur correspondent. Tout ce que vous vivez intérieurement entraîne des conséquences extérieures, votre vie est le reflet de vos pensées. Toutes les relations sont les miroirs de ce que vous vivez intérieurement. Une rencontre est toujours une réponse extérieure à un besoin intérieur. Et même la plus douloureuse des relations est en fait un besoin profond d'expérimenter pour grandir. Il est préférable alors de laisser reposer les relations conflictuelles afin de laisser s'instaurer le calme et la clarté. Il est impossible dans l'agitation d'apaiser ou de soigner une relation sous tension. Il s'agit d'accepter de ne pas rentrer en réaction avec ce qui est mais de privilégier les états internes. Cela demande de visiter ses tempêtes intérieures sachant que le calme reviendra aussi par l'intérieur.

Les nœuds les plus difficiles à délier sont ceux qui nous attachent aux autres. Chaque vie est constituée de ces liens qui se tissent tout au long des existences. Les relations aux autres sont inévitables. Même lorsqu'il est possible de s'isoler afin de ne voir personne, les relations persistent dans l'esprit et dans le cœur. Les relations interpersonnelles sont les fondements de la vie. Les attentes et les besoins des uns et des autres peuvent devenir pathologiques si on ne fait pas l'effort d'observer ce qui peut se jouer dans une relation. Le fait de tempérer les attentes vis à vis des autres est essentiel. Cela peut réduire considérablement une frustration destructrice et des souffrances inutiles. Aussi, chacun gagnerait à cesser d'attendre que tout le monde l'aime ou que tous soient toujours d'accord avec lui. Cela consiste à ne plus attendre plus de respect des autres que vous ne vous en accordez à vous-même. Bien souvent, l'amour attendu de l'autre est supérieur à l'amour porté à soi-même. Sachez aussi qu'on vous aime bien souvent pour ce que vous représentez et non pour ce que vous êtes. Ce processus est humain, il ne s'agit pas ici de le condamner mais de saisir ce mécanisme de projection incontournable. Chacun perçoit l'autre selon sa subjectivité et l'attraction comme la répulsion, l'amour comme la haine ne proviennent en fait que de sources purement subjectives. Chacun aime ou rejette une représentation, c'est-à-dire l'image qu'il se construit mentalement de l'autre. Alors ne vous préoccupez plus du regard des autres qui ne sera jamais objectif, il est aléatoire et changeant. Chacun a ses perceptions de la réalité par le prisme de la sensibilité, de la culture, de l'éducation, de l'imaginaire.

Les problèmes relationnels entre êtres humains sont dus à des perceptions différentes de la réalité. Chacun, persuadé d'avoir raison, tente de convaincre l'autre et d'imposer sa façon de vivre et d'être au monde. La perception de la réalité est multiple, variable et subjective et ne peut donc constituer une base immuable de règles à suivre. Fort heureusement, il existe de grandes lois objectives qui expriment une ligne directrice qu'il est souhaitable que chacun respecte pour favoriser une vie commune harmonieuse. Au-delà de ces lois communes et nécessaires, vous avez la liberté de modéliser votre vie à votre façon, cela avec du bon sens et un savoir-vivre. Il est essentiel de cesser de chercher à changer les autres. Ils vivent leurs propres expériences qui diffèrent des vôtres. À des degrés divers, chacun est préoccupé par ce que les autres pensent et la façon dont ils peuvent être perçus ou pire, jugés. Pourtant, vous gagnez énormément en liberté d'être quand le regard ou les paroles venant de l'extérieur vous importent peu. Qu'importe alors ce que l'on vous dit, peu importe un point de vue quelconque, peu importe une soi-disant autorité ou connaissance de quiconque, il n'y a pas de vérité absolue à ce niveau, parce que cette dernière est relative pour chacun. Les relations interpersonnelles s'améliorent et s'harmonisent lorsque chacun apprend à tolérer, à respecter et à rentrer en contact avec la réalité de l'autre même lorsque celle-ci diffère de la sienne. L'ouverture aux autres peut vous apporter de nouvelles perspectives et ce faisant enrichir votre monde. Il est possible de remercier ceux qui vous ont fait vivre des moments difficiles, ils ont contribué à votre croissance. Une vision juste est le point de convergence de toutes les réalités.

Aussi, continuez à suivre la voix de votre cœur et cessez de demander à vos proches de vous comprendre ou de venir cheminer à vos côtés. Ils ont leur route à suivre. Les différences de niveaux d'évolution font que les êtres n'ont pas la même vision des choses et qu'ils ont chacun leur vérité, vérité qui se transforme au fur et à mesure des expérimentations. Alors il ne sert à rien de contraindre ou d'imposer quoi que ce soit. Chaque rythme d'évolution est acceptable. À mesure que vous progresserez, vous serez porté à côtoyer ceux qui vibrent comme vous afin de pouvoir échanger de façon enrichissante, les semblables s'attirent, vous comprenez maintenant que c'est une question d'état de conscience. Sachez perdre sans regret ce que la vie vous ôte car vous retrouverez d'autres amours, d'autres désirs, d'autres bonheurs sous des aspects différents. Acceptez ceux qui vous quittent ou vous rejettent. Quand la vie fait de vous un exilé, elle vous offre aussi l'itinéraire du réfugié, celui qui finira par trouver sa terre d'asile.

Assurément, il est important de communiquer, d'aller vers les autres et de se relier à eux, ceux-là qui sont dans les mêmes niveaux de conscience que vous, une connexion de cœur à cœur. Tous les humains ont des joies et des douleurs semblables. Chacun a besoin d'une famille humaine, une famille d'âmes avec qui partager comme on partage un secret. Le contact vous valorisera et vous aidera à donner de l'amour à autrui. Soyez ainsi en communion, établissant le lien sans vous soucier de ce qu'on peut penser de vous. Ecoutez les autres au lieu de faire en sorte qu'ils vous écoutent. Soyez attentif à leur parole, leur discours et leur désir pour pouvoir être un véritable compagnon de route de l'amitié. Rentrez en contact en pensant que la personne est bonne et sincère. Prenez le temps de vous familiariser avec la patience et le respect. Respectez-vous et considérez les autres de la même manière. C'est un plaisir de fréquenter des personnes dignes de respect et authentiques. Il est important de savoir que vous êtes digne et fréquentable aussi. Agissez avec la bonté du cœur afin d'être un exemple pour votre entourage. Il s'agit de développer votre compassion et d'élargir ainsi votre tolérance et votre amour inconditionnel. Lorsque quelqu'un vient vers vous, ne sous-estimez pas le besoin d'amour ou la détresse. Tout ce qui nous entoure a besoin d'amour. L'amour qui vous semble manquer est celui que vous ne donnez pas. Nous nous limitons à aimer une quantité choisie de personnes et cet amour investi en eux finit bien souvent par être source de sentiments négatifs comme de se sentir trahi ou déçu car vous n'imaginez pas que votre choix puisse s'avérer être une erreur d'appréciation. Voilà ce qui se passe bien souvent dans les relations interpersonnelles, la prison relationnelle place les uns et les autres du mauvais côté des barreaux. Le but est de ne pas se laisser enfermer dans ces prisons de cœur. Parfois, ceux qui éveillent des choses qui nous insupportent sont ceux qui nous aident le plus dans notre évolution. Ils délivrent par là un message, accueillez-le comme tel. Une sincère préoccupation pour les autres est une clé dans l'amélioration du rapport aux autres. Lorsque vous êtes chaleureux, il n'y a pas de place pour la colère, la jalousie ou l'insécurité. Un esprit calme et la confiance en soi sont le fondement des relations heureuses et paisibles. Efforcez-vous de simplifier vos relations avec les autres car elles sont parfois beaucoup trop compliquées. Surtout lorsque le mental passe avant le cœur et que vous vous posez des questions au lieu de poser des actes d'amour. L'amour inconditionnel est la capacité d'accepter tout ce que j'aime et tout ce que je méprise chez l'autre.

Les forces de la nature ne sont ni bonnes ni mauvaises. L'homme doit apprendre qui il est, reconnaître qu'il est un créateur et, comme tel, devenir le maître de tout ce qu'il crée. En tant que créateur, il peut contrôler consciemment tous les jours ses pensées, sentiments, paroles et actions. Toute création est un effort conscient. Nous sommes co-responsables et co-créateurs de toutes les situations dont nous faisons partie, de par la loi de l'interdépendance, dans un flux d'échanges constants et dynamiques avec le monde. Aujourd'hui, les neurosciences admettent la plasticité cérébrale, c'est-à-dire une capacité des systèmes et des circuits neuronaux à évoluer. La plasticité désigne la capacité du cerveau à s'organiser et se réorganiser en fonction de l'expérience. Le cerveau n'est pas une machine rigide mais bien apte à se modifier et à s'adapter au fil des expériences. La psychologie des profondeurs jungienne, la physique quantique, le monde scientifique ainsi que les médecines énergétiques sont capables de reconnaître aujourd'hui que tout émane du sujet lui- même. Ces approches ont un point commun et démontrent que tout est relié et que rien n'existe si le sujet n'y a pas participé au préalable. Il y a une convergence entre toutes ces disciplines et c'est la puissance de la pensée créatrice. Les vibrations du champ de l'esprit que sont les pensées, processus mentaux, émotions et visualisations influent sur les autres et l'environnement extérieur. Nos états d'esprit déterminent ce qu'on va vivre. Toutefois, quand nous parlons de nos pensées qui créeraient notre réalité, il s'agit tout de même de prendre en compte la notion de temporalité. Dans le monde matériel, il y a la nécessité d'un temps imparti à la manifestation d'un évènement pourvu qu'une intention claire et déterminée soit posée. Nous pouvons observer cela dans la venue d'un enfant au monde. De l'intention des parents jusqu'à la naissance, voyez que le processus prend un certain temps, cela est une loi incontournable de la nature.

Tout est en échange constant et multilatéral dans l'univers. Ce ne sont pas les besoins du mental et de l'ego qui devront être satisfaits mais bien des valeurs profondes respectant les lois d'interdépendance. Apprendre à observer et entendre ces interactions aident à établir des liens ainsi qu'à orienter vers des pistes de compréhension de mieux-être. L'acte d'observation modifie le phénomène observé. Tout événement qui survient dans l'existence est une réponse à une pensée émise à un moment dans l'esprit, plus précisément dans la pensée racine et le subconscient. Autrement dit, un événement extérieur vient faire résonance à un état ou un questionnement intérieur. Il s'agit de conscientiser et de s'interroger sur le lien. Rien ne se produit sans la participation du sujet. Le tout étant relié au sujet et au rapport qu'il entretient avec lui-même. Plus l'être humain sera en connexion avec lui-même, les autres et le monde et plus les phénomènes de synchronicité s'opéreront dans sa vie. La synchronicité est issue de la psychologie jungienne et se présente comme une des sources possibles des destinées. Elle est la loi de l'interdépendance et de l'unité. Nous sommes tous reliés aux autres, cela par l'inconscient et le champ énergétique qui nous constitue. Lorsque votre intuition commencera à s'affiner, vous serez en mesure de ressentir ces champs subtils.

***

C'est quand j'ai rendu tout ce qui ne m'appartenait pas que j'ai fait place à l'amour dans ma vie et dans mon cœur.

J'ai rendu tout le poison émotionnel que l'autre a tendance à déverser et projeter sur moi.
Je me libère des conditionnements et du poids du passé…

La vie est merveilleuse et le meilleur est à venir...

Chapitre IV La voie de la Libération

La liberté et la stabilité individuelles sont les notions essentielles afin de se sentir en bien-être et peuvent se traduire par ces attitudes : vaincre ses peurs, rester relié, ne pas créer de divisions en soi et autour de soi, tirer parti des épreuves, faire l'expérience de ce qui est. Si je devais définir la spiritualité, je dirais qu'il s'agit d'un processus de métamorphose et d'intégration personnelle où il n'y a pas une méthode miracle ni une autorité supérieure. La liberté est déjà vôtre. Fiez-vous au processus de transformation de la chenille en papillon. Il y a un avant et un après dans votre existence. L'état de chrysalide n'est pas éternel, un jour vient le temps de déployer ses ailes. En acceptant de laisser le passé, vous permettez à votre libération de se manifester et cela par la force de vie elle-même. Il s'agit de votre unique voie et vous avez la possibilité de la suivre avec du courage, de la persévérance et de la joie. Il n'y a pas une seule façon d'y arriver mais autant de façons que d'êtres humains. Il n'y a pas de vérité unique, de méthode infaillible mais autant de pistes et de chemins que d'êtres humains. La véritable libération se produit lorsqu'on va rencontrer en nous les résistances qui se jouent malgré nous. Vous pouvez vous libérer de vos peurs qui vous aliènent et renoncer à l'histoire que votre malheur vous raconte. Il est temps de faire refléter votre richesse et votre nature profonde qui est beauté, amour et lumière. Le retour à la vie, c'est le retour à l'amour. L'amour au sens large est une forme de résonance entre vous et le monde, entre vous et les autres, voilà l'émotion suprême. C'est votre appel profond que de manifester la meilleure version de vous-même, l'aimant que vous êtes par nature. Ainsi, vous effleurez une autre dimension, celle de la grâce et du sacré. Dans ce processus de libération intérieure, l'énergie d'amour bien alignée ne fait aucune résistance. N'ayez plus peur de croire en vous. Il vous sera possible de libérer cette dynamique d'assurance, de ressources et de confiance avec une totale maîtrise quand votre esprit s'alliera à votre cœur. N'attendez pas que les autres vous donnent la permission de vivre votre vie, ils ne le feront pas. Il ne tient qu'à vous de décider de vivre pleinement votre existence. Cela nécessite du travail sur soi, du courage et spécialement de l'amour pour soi. L'amour aime l'amour, la vie aime la vie et s'éloigner de ces principes vous ampute du sacré. La vie se renouvelle à chaque instant et il y a en chacun une force d'auto-réparation et d'auto-génération, le pouvoir intérieur.

C'est grâce à un véritable travail intérieur qu'il devient de plus en plus aisé de poser sur soi et sur les autres un regard nuancé et indulgent. Tel est le chemin de l'amour, de la tolérance et de la réconciliation avec soi-même et les autres, affranchi de toute peur. Il s'agit d'abandonner le besoin de contrôle, le besoin d'avoir toujours raison et le désir d'être toujours compris. Il n'y a que sous l'emprise de fantasmes et d'illusions que vous pensez contrôler la vie, or elle est une énergie libre, fluide et insaisissable. Afin de satisfaire un idéal illusoire, nous sommes en permanence dans l'effort et dans la lutte. À la longue, nous éprouvons du ressentiment envers la vie qui nous demande tant, pour peu de résultats. Si nous arrivons au but désiré, c'est sans garantie de durée et de sécurité, car il y a la crainte constante de perdre les acquis. Cela provoque des tensions dans le corps et dans l'esprit, nous nous fatiguons, ressentons de la lassitude, et parfois nous craquons ou nous déprimons. La stratégie de lutte pour devenir quelqu'un n'est pas une bonne voie pour trouver la joie et le bonheur. La plus grande partie de l'humanité souffre car elle aimerait que tout soit autrement que ce qui est. C'est bien cette résistance à ce qui est qui génère la souffrance. Vous cessez de souffrir quand vous cessez de lutter.

Et vous cessez de lutter quand vous acceptez une situation telle qu'elle est et non telle que vous voudriez qu'elle soit. Si la souffrance fait partie de votre vie, allez d'abord voir si vous avez un rôle dans cette situation, sans vous juger. Essayez simplement d'être un observateur de la situation. Le but n'est pas de fuir le monde et les souffrances ne vont pas disparaître par magie mais il s'agit d'apprendre à vivre en bonne intelligence. Quelles que soient les agressions extérieures, il est possible de se ressourcer en soi-même, n'étant pas responsables des autres ni de leurs comportements, mais uniquement de soi-même. La sagesse est la capacité à accueillir les évènements et laisser la vie faire le reste. Laissez-vous descendre dans cet état de quiétude intérieure. Vous êtes ici et maintenant, calme et silencieux.

Tout est vibration dans l'univers, nous dit la physique quantique. La science postule que tout est énergie et il existe une attraction vibratoire certaine, admise par la communauté scientifique. La science mesure désormais les ondes électriques et magnétiques du cerveau. Il est ainsi possible d'observer certaines interactions qu'on ne peut voir à l'œil nu. Il existe incontestablement une part d'invisible et de non tangible, des informations qui échappent à la seule limitation de ce que les sens perçoivent. Alors cela nous amène à rester humble et nous démontre qu'on ne peut connaître vraiment les choses qui nous apparaissent et ce qu'on ne peut connaître dans l'absolu, on ne peut le juger. L'homme a un taux énergétique et il se nourrit de vibrations sous des formes différentes et multiples ; une émotion, c'est une vibration ; une pensée aussi ; négative, elle baisse votre taux vibratoire ; positive, elle vous élève. L'existence dépend de la qualité des vibrations ainsi accumulées et intégrées. Chacun est une énergie vibrante. Vous êtes le seul à décider de quels types d'énergie vous allez vous nourrir. La transformation de votre réalité extérieure commence par un changement d'attitude et de perspective intérieure. Réalisez que ce sont vos perceptions, vos interprétations et vos réactions qui génèrent de la souffrance et commencez à vous demander délibérément ce que vous pouvez changer pour en éliminer les causes. Cette partie indignée en vous qui fait barrage à la vie activée par le mental doit s'atténuer au profit d'une vision plus apaisée.

Il s'agit de se dissocier de la souffrance, de devenir témoin de vous-même en admettant avoir survécu et fait de votre mieux jusqu'alors. Cela ne veut pas dire que les souffrances n'existeront plus mais qu'elles ne contrôlent plus votre vie. Il s'agit de ne plus nourrir les émotions négatives ni ruminer avec des regrets et de l'amertume. Quelles que soient les pensées ou les expériences qui surgissent, il s'agit de les laisser simplement passer, apparaître et disparaître, sans chercher à les maintenir ni à les supprimer. Vous n'êtes plus obligé de souffrir de ce que le mental raconte. Ce lâcher prise est l'attitude même atteinte dans la méditation. Vous avez la possibilité de vous distancier de vos pensées et de l'histoire qu'elles vous racontent. Peu importe à quel point on a pu être déloyal ou se montrer pervers envers vous, tout cela devient futile car vous refusez de vous laisser contrarier par les autres puisque votre but est la paix. Affirmez votre propre vie et n'attendez aucunement que les autres vous incluent dans la leur. Si une personne se lie à vous avec le cœur, restez ouvert et si vous ressentez un quelconque malaise alors laissez partir cette relation sans vous en sentir coupable. Plus vous avancerez en sagesse, moins vous supporterez l'agitation du monde. Les perturbations extérieures n'ont plus d'emprise sur vous parce que vous avez en vous un espace plus vaste que ce qui se passe autour. Vous êtes apte à contenir de multiples aspects de la réalité et vous passez ainsi de l'aliénation à la compréhension à partir de l'intelligence du cœur.

L'acceptation est la véritable voie de la libération. Lorsque vous acceptez ce qui arrive et non ce que vous imaginez ou fantasmez, alors vous arrêtez de résister à la vie. Le chemin est ce qu'il est. Il ne vous apparaît tortueux que lorsque vous cherchez à le rendre tel, lorsque vous êtes tenté d'accommoder vos peurs ou votre culpabilité sur le monde extérieur. C'est en renonçant à faire coïncider vos peurs avec le monde que vous ouvrez et élargissez le champ des possibles. Vous allez de plus en plus dans cet état de non-résistance quand vous laissez votre confiance et votre amour s'accommoder au monde. Quand vous acceptez les épreuves comme indispensables, vous transformez alors les conditions adverses en expériences et leçons d'apprentissage, alors cesse toute révolte. Chaque situation peut être désormais considérée comme faisant partie intégrante de l'existence et non pas comme une punition qui aurait été infligée. Chacun a ses épreuves et le but est d'apprendre à les traverser de la manière la plus douce possible. Vos perceptions s'affinent et vous êtes désormais prêt à vivre de façon plus sereine les épreuves suivantes.

L'identification et l'attachement demeurent les principales causes de toutes les souffrances. L'être humain s'attache à toutes sortes de choses, même aux concepts les plus éloignés de sa nature profonde. Les besoins et les aspirations de l'ego sont des adversaires de l'intérieur et causent toutes sortes d'insécurité. Êtes-vous attaché à quelque chose ? À quel point y êtes-vous attaché ? Est-ce que ça vous empêche de faire quelque chose ? Est-ce que ça vous fait souffrir ? Il s'agit de briser l'illusion et de ne plus s'identifier au bavardage du mental, laisser les pensées vous traverser sans vous y accrocher. Sachez que vous pouvez vous séparer de n'importe quel attachement. Cela est le travail d'individuation. Rien ni personne ne peut vous libérer hormis votre juste compréhension des choses. En modifiant ainsi votre monde intérieur, le monde extérieur se transforme. Vous avez le pouvoir de maîtriser votre existence. Qui pourrait le faire à votre place ? Apprenez à vous écouter et à prendre soin de vous, devenez votre meilleur allié au lieu d'être votre saboteur. Tant qu'un homme ignore qui il est véritablement ou quand il l'oublie, il projette inconsciemment ses états de conscience sur les êtres et les objets rencontrés. S'affranchir de l'identification et prendre conscience de ses projections font partie intégrante du processus d'évolution. Il est parfaitement possible de se débarrasser des idées les plus pénibles. Cela en cessant de rejouer le drame que vos peurs vous dictent. L'acceptation, la confiance et la non-résistance sont les principes de la vie elle-même. Ainsi vous pouvez utiliser cette énergie créatrice pour une vie merveilleuse. Voilà votre véritable grandeur et telle est la loi de l'amour de soi.

L'une des étapes essentielles dans le processus d'évolution est la notion du pardon. Le pardon répare votre histoire et vous permet de vous en libérer. Pardonner, c'est ne plus permettre au passé de vous contrôler, cela ne veut pas dire accepter et être d'accord avec le passé, mais que vous acceptez ce qui est arrivé et que vous êtes prêt à aller de l'avant. Le pardon est un mouvement de l'âme, un mouvement du cœur, un acte gracieux qui ne peut pas s'imposer. Le pardon est un acte salutaire et il est la source de la délivrance et des attachements. Il s'agit de défaire les nœuds des attachements, des souffrances et de l'amertume, ceux qui se lient depuis des années. Il faudra accepter des degrés progressifs dans le processus du pardon, jusqu'à aboutir à ce moment gracieux et fécond que rendra possible la vraie et profonde réconciliation. La réconciliation, c'est la manifestation du pardon à l'extérieur. Assurément vous ne changez pas le passé mais par le pardon vous vous ouvrez à un avenir meilleur. La tolérance rend ce monde beaucoup plus convenable. Le pardon s'apprend tout au long des leçons de vie.

Cela ne signifie pas que vous ne vous sentirez plus jamais blessé ou inquiet mais que vous serez en mesure de faire preuve d'humanité et de compréhension. Si de la tristesse et de la peine profonde émergent, accueillez-les Il n'y a plus de résistance à avoir ni à rechercher l'assentiment de l'autre. Lorsque vous pardonnez aux autres et que vous accordez aussi le pardon à vous-même, alors vous trouvez le calme intérieur, abandonnant tous ressentiments et toutes rancœurs. Le non-pardon est un véritable poison émotionnel qui infiltre toutes vos cellules et peut vous rendre amer. Le non-pardon tarit la source et assèche toute vie. Il ne sert à rien de surajouter quoi que ce soit sur des épisodes douloureux, cela ne fait qu'entretenir et nourrir les sentiments négatifs. Pardonner ne veut pas dire être tenu de maintenir une relation ou un lien mais il s'agit véritablement d'assainir et dénouer ces attachements toxiques. Par la suite, certaines relations pourront s'améliorer tandis que d'autres seront vouées à simplement disparaître car ceci est la vie et les chemins respectifs. Votre identité est constamment créée par la relation aux autres, aux institutions, à la société, à la culture et il faut apprendre à se défaire et se distancier de certaines structures limitantes, restrictives ou obsolètes. Pour résumer il suffit de se dire : "Je suis ce que je suis et je permets aux autres d'être ce qu'ils veulent être". Alors, quel acte de pardon allez-vous poser aujourd'hui ?

***

Je ne savais pas qui j'étais
Je ne savais pas pourquoi j'étais là

Avant d'apprendre à me libérer, j'ai accepté de m'aliéner

C'est cet apprentissage que je suis venu chercher auprès de Toi ...

L'épilogue de l'honnêteté

Un jour, j'ai dû poser un genou à terre, clore les yeux et m'arrêter. Il ne me restait dans ma vie que mes souffrances, à partir de là j'ai dû faire avec. C'est en m'inclinant que j'ai pu grandir. De mes années de souffrance a découlé leur sens. Soyez assuré que la vie et l'amour n'abandonnent personne. Aujourd'hui, j'ai appris la distinction entre une descente et une chute. La descente en soi, dans ses profondeurs, est une bénédiction. La vie attend de nous de faire ce retour sur nous. J'ai traversé le désert, la nuit et l'obscurité avec mes peurs et mes doutes et j'ai voulu délaisser ce monde devenu insensé et insignifiant à mes yeux. Je ne savais pas qu'il y a véritablement une promesse tenue au bout. Car, l'aube se lève à nouveau. Je me réaligne vers une saine clarté intérieure et une plus grande compréhension. J'ai agrandi et purifié mon monde et depuis la lumière s'y engouffre. Je me laisse traverser par la pureté, la beauté et tout ce qui magnifie mon être. Je remercie ce chemin. Je ne pouvais pas partir sans retrouver les parts de moi-même, égarées et éclatées au fil des années. Je rassemble mes morceaux désormais, ces parties éparses de mon être. Ces parts de moi que j'ai abandonnées ou rejetées, celles qui se sont séparées de moi et m'ont quittée pour m'attendre ailleurs, le cœur transi. Je ramasse des morceaux brisés pour les réinstaller dans mon cœur. Ce qu'il y a de bien avec les choses qui se sont perdues et morcelées au fil de nos existences, c'est qu'on peut récupérer seulement celles dont on a compris l'importance.

Au milieu du désordre, invitée à regarder plus haut, j'ai retrouvé mon chemin en renonçant à la vie programmée et remplie d'illusions. J'ai grandi en remettant en question mes fondations et mes acquis. J'ai appris à rester humble, à faire confiance et lâcher prise lorsqu'une rencontre signifiante est apparue sur mon chemin. J'ai trouvé de la sagesse dans l'incertitude en décidant de faire confiance à la vie. C'est là où j'ai touché l'indicible. Il s'agit d'un espace en soi, un lieu suprême où tout prend une autre coloration. Les épreuves et les blessures, les détresses et les désespoirs sont incontournables et ils peuvent cohabiter en soi dans un paysage intérieur agrandi. Je remercie mes divines blessures, elles ont percé mon être. Sans elles, je n'aurais jamais su qu'il y avait quelque chose à l'intérieur de moi qui avait besoin d'être rencontré avec douceur et qui m'a parlé de moi-même. C'est lorsque je n'ai plus eu peur de mourir que je n'ai plus eu peur de vivre. J'ai compris que ma capacité à endurer les souffrances était égale à la leçon que la vie m'avait enseignée. Les épreuves nous renforcent. Pour chaque défaite, une victoire se succédait. Pour chaque larme, un sourire s'esquissait et pour chaque perte, un amour venait le combler. Et je sais qu'un jour chacun retrouve le cœur auquel il est relié non d'un attachement issu de la peur ou de l'obligation mais par un élan de pur amour et d'acceptation inconditionnelle. Voilà la beauté de ma fragilité. J'ai brodé ma vie à partir de cette blessure singulière. En mettant ma blessure d'âme au grand jour, j'ai découvert que le trésor se trouve ici même, ce cadeau de la vie est notre humanité. Acceptez le chemin de votre consécration malgré les pertes et les manques. Des fondations endommagées, il est possible et miraculeux de se reconstruire et de renaître à soi. Il est possible d'aller rencontrer en soi ses failles et ses abîmes et d'y survivre. La douleur n'a plus à être tapie au fond de soi mais éclairée à la lumière de l'amour. Les secrets les mieux gardés peuvent désormais être révélés. Vous n'avez plus à cacher vos blessures ni à vous-même ni aux autres.

Ainsi, dans ce monde qui semble parfois si trouble et nous aliène à tant de futilités, la réponse à ma quête est venue dans l'amour, dans ce qu'on partage avec les autres. L'amour n'est pas là pour nous faire souffrir mais pour agrandir notre cœur. Il est capable de faire revenir celui qui nous a déserté et celle qui nous a rejeté. Il est possible d'entendre désormais les mots de ceux qui semblent nous avoir abandonné et ces mots nous racontent une autre histoire. Celui qui abandonne a été lui-même abandonné, celui qui rejette a été lui même rejeté et celui ou celle qui blesse a été blessé. Je suis faite de ces traces laissées par ces liens et ces rencontres. Je suis faite d'abandon, de rejet, de blessures. Nous imprimons chacune de nos relations par des empreintes teintées d'émotions et surtout d'amour, avec toute la coloration de ce qui nous humanise. Ces interactions se font en permanence et sur des plans subtils, dans ces lieux intangibles mais où tout se passe sans parole et rempli de ces cris assourdissants, ces mots qu'on n'a pas su sortir au bon moment. Lorsqu'on commence à ressentir cet amour inconditionnel en soi, il devient si facile d'aimer, de mieux aimer, de bien aimer. La vie ne met jamais de terme à l'amour. Nous sommes capables d'aimer plusieurs fois parce que nous sommes la manifestation de l'amour même. L'histoire de la vie, c'est l'histoire de l'amour. Mon cœur est ouvert et mon amour est intarissable. Je remercie toutes les belles âmes de bonne volonté qui m'ont traversée. J'éprouve une profonde gratitude pour tous ces liens d'amour qui sont les véritables buts de nos existences. Chaque âme a été un maître et m'a donné une leçon et parfois la plus douloureuse qui soit. Nous avons tous notre rôle dans ce monde et chacun est nécessaire sinon on ne serait pas là. C'est à chacun de trouver le sens de son existence et les buts supérieurs qui demandent à être accomplis dans l'existence. Comme la goutte de pluie poursuit sa trajectoire, du ciel jusqu'à sa tombée sur le sol, le chemin de vie est harmonieux et lié à cette force supérieure qui nous guide. La nature a sa propre intelligence tout comme notre âme sait ce qu'il y a de mieux à vivre dans cette expérience terrestre. Au-delà de tout discours religieux, ésotérique ou sectaire, le mystère fait partie de la vie et chacun le vit dans son cœur.

Chaque histoire personnelle est une série de moments qui n'auraient pu être autrement même si on aurait voulu apporter un mot ou un geste différent pour une situation. Vous savez, cette situation à laquelle on pense souvent et dont on rejoue le scénario. Laissez-moi vous dire que tout est parfait dans l'ordre divin et vous pouvez abandonner toute culpabilité et regret. Tout ce qui est arrivé est arrivé pour votre bien. Le désordre perçu par les sens est à être reconsidéré par une vision plus large, une vision du cœur car à mesure que le voile se lève, il ne pouvait en être autrement. Il y a des desseins qui nous dépassent, cela peut se nommer destin ou jeu divin. Laissez-moi vous démontrer que tout va bien, vous avez survécu à vous-même, voilà la plus évidente des découvertes. Vous avez conquis la vie. Notre passage dans ce monde est éphémère mais notre amour est éternel, l'amour n'a ni naissance ni mort, c'est une énergie qui transcende tout et nous permet de renaître.

Le plus beau cadeau à offrir à soi-même, aux autres et au monde est de ne laisser aucune trace de ses souffrances, ses blessures et son amertume. Cela est la véritable délivrance. Quand je me serai suffisamment purifiée et nettoyée, quand j'aurai répandu suffisamment d'amour et de bonté, quand j'aurai été suffisamment humble et reconnaissante, quand j'aurai suffisamment servi, alors seulement je pourrai partir librement. J'ai voulu la connaissance, j'ai prié pour la paix et j'ai désiré l'amour. J'ai compris que pour obtenir la connaissance, la paix et l'amour, je devais d'abord, à partir de mon cœur, les transmettre afin de pouvoir les recevoir. Si j'étais au bout de ma vie, ce que je regretterais, c'est de ne pas avoir dit à mes proches à quel point je les aime. Alors pensez à cela et allez de ce pas vers ces choses essentielles qui ont besoin d'être dites ou tout simplement partagées par la présence, dans le silence de l'amour. Dans cet espace où tout se produit par ces forces qui nous dépassent, dans ce lieu où nous pouvons enfin déposer tout le fardeau porté depuis tant d'années et qui contenait le poids de nos incompréhensions, de nos doutes, de nos peurs et de nos actes manqués.

Nous avons tous à honorer nos promesses d'amour. Il sera temps de partir en paix lorsque vous aurez fait ce que vous avez à faire, que vous aurez donné ce que vous avez à donner et reçu ce que vous avez à recevoir. Voilà la légendaire liberté, celle qui vous délivre de tout attachement superflu en laissant l'essentiel. Se désaliéner de tout, et finalement comprendre qu'on ne peut vivre sans amour. Nous avons besoin d'être humain avant de devenir divin. Nous avons besoin de prendre le risque de la vie et de l'amour. L'émotion suprême demeure cet élan qui nous transfère hors de nous et nous permet de nous unir à la vie. L'amour nous restitue à nous-même, aux autres et au monde. Nos seules limitations sont mentales et vous n'avez plus à tenir les barreaux les plus froids de vos prisons intérieures. C'est à vous de les lâcher. Il n'existe plus de frontières entre soi et la vie, nous devenons la complétude. Alors, rendons éternellement grâce à toutes celles et ceux qui nous ont permis d'aimer et peu importe de quelle façon, nous ne gardons que ce que nous avons éprouvé par amour. Dans les expériences de mort imminente tout comme dans la légende des Amérindiens, il est dit qu'il vous sera posé simplement ces trois questions ...

— Comment as-tu aimé ?

— Qu'as-tu appris ?

— As-tu participé à un projet plus grand que toi, qui te dépasse et auquel tu as contribué pour rendre le monde meilleur ?

Le reste n'a pas d'importance.

***

On ne peut comprendre chez l'autre que ce que l'on a compris et conquis en nous- même ...

On ne peut prétendre libérer les autres si on ne s'est pas déjà libéré soi-même de ses chaînes...

Clés de sagesse

La paix en ce monde ne peut commencer que par la paix dans le cœur de chacun, le changement n'est nulle part ailleurs qu'en chacun de nous.

Ce n'est pas le monde qu'il faut changer mais bien ses pensées, son cœur et reconnaître ses valeurs personnelles intérieures.

La vie est la confrontation au monde et elle apporte les rencontres et les nouvelles expériences, toujours en mouvement, sans cesse changeantes, et chaque jour sous un soleil différent.

L'acceptation, la compassion, la tolérance, l'amour et le pardon sont des ressources illimitées.

Lorsque vous vous posez trop de questions, lâchez prise et vous pourrez alors choisir la voie du cœur.

Certaines croyances vous renforcent. Aujourd'hui, créez trois croyances qui vous renforcent et qui vous aident à rester positif, et concentrez-vous dessus. Efforcez- vous de faire cet exercice chaque jour et les résultats apparaîtront assurément dans votre vie.

***

Conte de sagesse

" Un jour, un enfant pose une question à son père :
— Dis papa, quel est le secret pour être heureux ?

Ne sachant que répondre à cette interrogation, le père propose à son fils de le suivre. Ils sortent de la maison, le père sur le vieil âne et le fils suivant à pied. Les gens du village accusent :
— Son père est un père indigne ! Il monte son âne quand son fils le suit à pied !
— Tu as entendu mon fils ? Rentrons à la maison, dit le père.

Le lendemain, ils sortent de nouveau, mais cette fois le père installe son fils sur l'âne et l'accompagne en tenant la bride. Les voisins disent alors :
— En voilà un fils indigne : il ne respecte pas encore son vieux père et le laisse aller à pied !
— Tu as entendu mon fils ? Rentrons à la maison, dit le père.

Le jour suivant, ils s'installent tous les deux sur l'âne puis quittent la maison. Les villageois critiquent à nouveau le père et le fils :
— Ils ne respectent pas leur bête à la surcharger ainsi !
— Tu as entendu mon fils ? Rentrons à la maison.

Le jour suivant, ils partirent en portant eux-mêmes leurs affaires, l'âne trottinant derrière eux. Cette fois les gens du village y trouvèrent encore à redire :

— Voilà qu'ils portent eux-mêmes leurs bagages maintenant ! C'est le monde à l'envers !

— Tu as entendu mon fils ? Rentrons à la maison.

Arrivés à la maison, le père dit à son fils :

— Tu me demandais l'autre jour le secret du bonheur. Peu importe ce que tu fais, il y aura toujours quelqu'un pour y trouver à redire.

Fais ce que tu aimes et tu seras heureux ... "

***

J'espère avoir rendu ce récit suffisamment plaisant pour vous inviter à nouveau pour une prochaine rencontre ...

Je remercie toutes celles et ceux qui m'ont accompagnée ...

© SUDARENES EDITIONS
ISBN : 9782374640617
Dépôt légal : Premier semestre 2017
www.sudarenes.com